SCIENCE

走进科普大课堂

QINGSHAONIAN AI KEXUE

李慕南　姜忠喆◎主编〉〉〉〉

ZOUJIN KEPU DA KETANG

普及科学知识，拓宽阅读视野，激发探索精神，培养科学热情。

万物家史

网罗各种科普知识，汇集大量精美插图，为你展现一个生动有趣的科普世界，让你体会发现之旅是多么有趣，探索之旅是多么神奇！

U0742280

吉林出版集团

北方妇女儿童出版社

图书在版编目(CIP)数据

万物家史 / 李慕南,姜忠喆主编. —长春:北方
妇女儿童出版社,2012.5(2021.4重印)
(青少年爱科学.走进科普大课堂)
ISBN 978 - 7 - 5385 - 6324 - 5

Ⅰ.①万… Ⅱ.①李… ②姜… Ⅲ.①科学史 - 世界
- 青年读物②科学史 - 世界 - 少年读物 Ⅳ.①G3 - 49

中国版本图书馆 CIP 数据核字(2012)第 061684 号

万物家史

出 版 人	李文学
主　　编	李慕南　姜忠喆
责任编辑	赵　凯
装帧设计	王　萍
出版发行	北方妇女儿童出版社
地　　址	长春市人民大街 4646 号 邮编 130021
	电话 0431 - 85662027
印　　刷	北京海德伟业印务有限公司
开　　本	690mm × 960mm　1/16
印　　张	12
字　　数	198 千字
版　　次	2012 年 5 月第 1 版
印　　次	2021 年 4 月第 2 次印刷
书　　号	ISBN 978 - 7 - 5385 - 6324 - 5
定　　价	27.80 元

前　言

科学是人类进步的第一推动力,而科学知识的普及则是实现这一推动力的必由之路。在新的时代,社会的进步、科技的发展、人们生活水平的不断提高,为我们青少年的科普教育提供了新的契机。抓住这个契机,大力普及科学知识,传播科学精神,提高青少年的科学素质,是我们全社会的重要课题。

一、丛书宗旨

普及科学知识,拓宽阅读视野,激发探索精神,培养科学热情。

科学教育,是提高青少年素质的重要因素,是现代教育的核心,这不仅能使青少年获得生活和未来所需的知识与技能,更重要的是能使青少年获得科学思想、科学精神、科学态度及科学方法的熏陶和培养。

科学教育,让广大青少年树立这样一个牢固的信念:科学总是在寻求、发现和了解世界的新现象,研究和掌握新规律,它是创造性的,它又是在不懈地追求真理,需要我们不断地努力奋斗。

在新的世纪,随着高科技领域新技术的不断发展,为我们的科普教育提供了一个广阔的天地。纵观人类文明史的发展,科学技术的每一次重大突破,都会引起生产力的深刻变革和人类社会的巨大进步。随着科学技术日益渗透于经济发展和社会生活的各个领域,成为推动现代社会发展的最活跃因素,并且成为现代社会进步的决定性力量。发达国家经济的增长点、现代化的战争、通讯传媒事业的日益发达,处处都体现出高科技的威力,同时也迅速地改变着人们的传统观念,使得人们对于科学知识充满了强烈渴求。

基于以上原因,我们组织编写了这套《青少年爱科学》。

《青少年爱科学》从不同视角,多侧面、多层次、全方位地介绍了科普各领域的基础知识,具有很强的系统性、知识性,能够启迪思考,增加知识和开阔视野,激发青少年读者关心世界和热爱科学,培养青少年的探索和创新精神,让青少年读者不仅能够看到科学研究的轨迹与前沿,更能激发青少年读者的科学热情。

二、本辑综述

《青少年爱科学》拟定分为多辑陆续分批推出,此为第三辑《走进科普大课

堂》,以"普及科学,领略科学"为立足点,共分为 10 册,分别为:

1.《时光奥秘》

2.《科学犯下的那些错》

3.《打出来的科学》

4.《不生病的秘密》

5.《千万别误解了科学》

6.《日常小事皆学问》

7.《神奇的发明》

8.《万物家史》

9.《一定要知道的科学常识》

10.《别小看了这些知识》

三、本书简介

本册《万物家史》资料充实,考据严谨,是一本了解万物由来的不可多得的读本。一个原本错误的调配,竟然造就全球最大的饮料品牌"可口可乐";一个遭众人谴责的服饰设计,如今已成为风行全球的泳装"比基尼";一个一闪而过的念头,催生了全球性的食品"方便面"的发明……从体现人类文明程度的抽水马桶,到改善了人类的睡眠环境的席梦思床垫;从将繁琐的烹调简化到极限的微波炉,到深刻改变了人们娱乐方式的卡拉 OK;从世界上最成功的连锁快餐企业之一肯德基,到日常生活中不可或缺的信用卡……很多发明的问世其实来源于一个一闪而过的奇思妙想、一次不曾经意的偶然失误、一个特立独行的大胆尝试……日常事物是至繁且多的,要把它一一说尽,事实上是不可能的,不求其深奥,但求其生趣,所以其中收录了不少有趣味性的故事。

本套丛书将科学与知识结合起来,大到天文地理,小到生活琐事,都能告诉我们一个科学的道理,具有很强的可读性、启发性和知识性,是我们广大读者了解科技、增长知识、开阔视野、提高素质、激发探索和启迪智慧的良好科普读物,也是各级图书馆珍藏的最佳版本。

本丛书编纂出版,得到许多领导同志和前辈的关怀支持。同时,我们在编写过程中还程度不同地参阅吸收了有关方面提供的资料。在此,谨向所有关心和支持本书出版的领导、同志一并表示谢意。

由于时间短、经验少,本书在编写等方面可能有不足和错误,衷心希望各界读者批评指正。

本书编委会

2012 年 4 月

目　　录

青霉素的由来

人们称青霉素是本世纪最伟大的药品，它的发明者是英国细菌学家亚历山大·弗莱明。1928 年，这位发明家在一次细菌培养实验中偶然地发现有一种后来被称为青霉素的霉菌正吞噬他在培养皿中培养的细菌。根据弗莱明研究的成果，英国牛津大学的研究者们经过 10 年的努力，终于找到了提炼这种霉菌的办法，并投入医学治疗试验。1943 年，为了医治在二战中负伤的战士，盟军开始将青霉素投入工业生产。在半个多世纪中，青霉素救活了无数人的生命，并促使人们开始重视抗生素家族的研究开发。

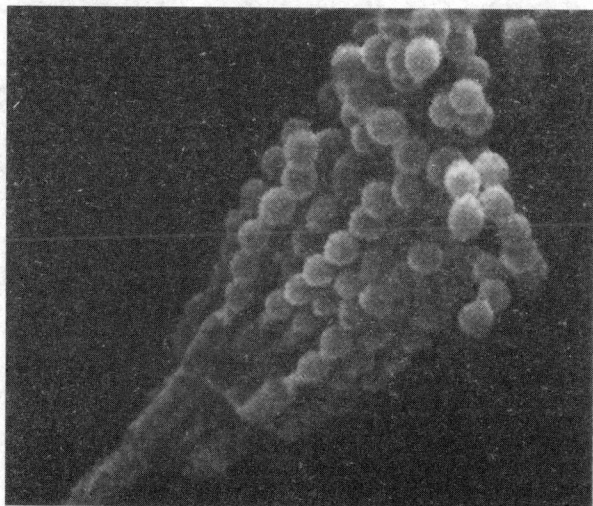

塑料的由来

在得知塑料的发明之后，全世界最开心的莫过于大象了。几百年来，从小刀的把手到台球，一切都以象牙为标准原料。19世纪80年代，象牙供应的逐步减少与台球运动的兴起就曾引发了一场危机。美国最大的台球生产商费兰与考兰德公司迫不及待地悬赏价值1万美元的黄金，招募任何能够提供代替象牙的合成品的"发明天才"。

一直到1907年，利奥·贝克兰，一位曾因发明了用于拍摄快速运动照片的相纸而获丰厚利润的比利时籍发明家，无意中发明了苯酚和甲醛的化合物。这种首创的纯合成塑料——酚醛塑料，具有防热、防电和防腐蚀的功能。它不仅使台球游戏获益，从电话机到马桶，从烟灰缸到飞机零件，一切东西都用得上塑料。

核武器的由来

　　原子时代开始于 1942 年。为了打败法西斯，美国最高当局决定启动旨在研制原子武器的"曼哈顿工程"。该年年底，作为"曼哈顿工程"的一部分，第一个核反应堆在芝加哥大学一个体育设施下面建成并开始运行。1945 年的 7 月 16 日，一团蘑菇云从位于美国新墨西哥州的洛斯阿拉莫斯原子能研究中心腾空而起，世界上第一颗原子弹爆炸成功。是年的 8 月 6 日和 9 日，美国先后将两颗取名为"胖子"和"小男孩"的原子弹投向日本的广岛和长崎。日本天皇随后宣布无条件投降，原子弹似乎为赢得二战的胜利立了大功，但是人类从此便生活在可怕的原子武器的阴影中。

DNA 的由来

　　1953 年 2 月 28 日，英国著名遗传学家弗朗西斯·克里克宣布他"发现了生命的秘密"。克里克和他美国的同行詹姆斯·沃森多年来一直致力于生命科学的研究，终于从细胞核中发现了决定生命遗传的脱氧核糖核酸双螺旋分子结构，破译了人类、植物和动物的遗传密码。这个发现初步揭示了生命的秘密，推进对各种疾病的研究和医治的步伐，也促进了人类对改善食物结构的研究。人类对 DNA 分子结构的研究成果，无疑对人类研究生命、治疗疾病产生了极大的作用，但是也使人们面临着因此而造成的道德危机，比如克隆技术的发展，就给人类自己出了个难题。

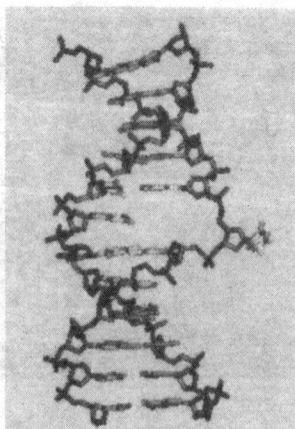

人造卫星的由来

    1957年10月4日，苏联为了纪念十月革命胜利40周年，发射了人类历史上第一颗人造地球卫星，标志着航天时代的开始。1961年4月2日，苏联宇航员加加林乘飞船进入太空，成为第一个进入太空的人。1969年7月20日，美国两名宇航员乘宇宙飞船登上月球。卫星可以传输电视、广播信号，还可以为航空、海航、天气预报、科技信息等提供服务，从而把地球大大地"缩小"了。为了进一步探索宇宙的奥秘，人类在太阳系的主要行星上投放了许多探针，建立一个国际太空站的宏伟计划也在酝酿之中。

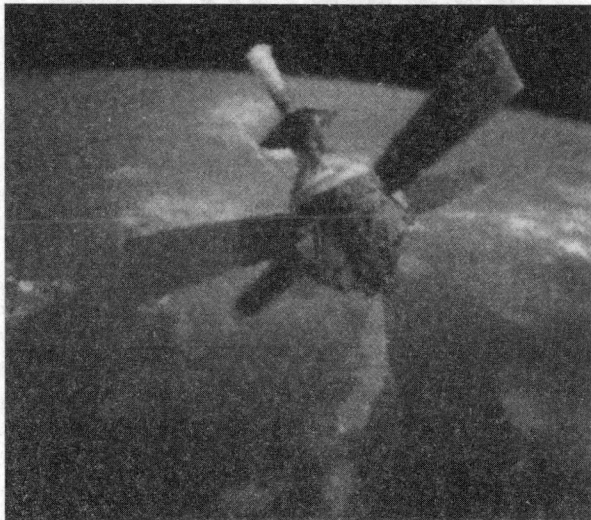

器官移植的由来

　　1967年，南非外科医师克里斯蒂安·巴纳德成功地进行了首次心脏移植手术。此后，随着医药和医疗器械越来越先进，医学家们逐渐解决了移植器官感染等难题，进而成功地进行了四肢、肝脏、皮肤、视网膜甚至睾丸的移植手术。医学界认为，器官移植的下一个前沿技术就是脑细胞移植，这可以根治诸如老年痴呆症和帕金森氏症等医学顽症。

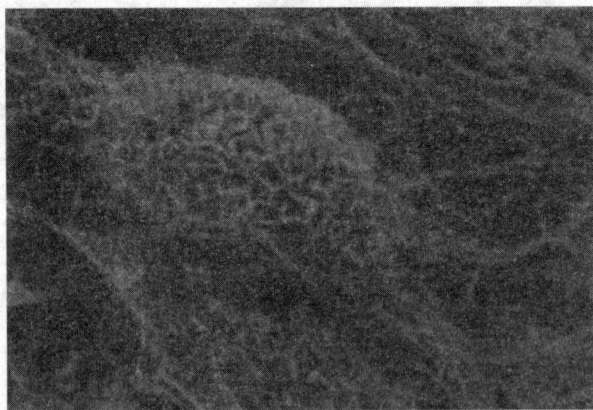

试管婴儿的由来

英国姑娘路易斯·布朗是世界上第一个试管婴儿。当年，她的母亲的卵子和她父亲的精子在试管中交配成功，孕育了她。此后，体外孕技术不断发展完善，1984年，胚胎冷冻技术试验成功；1990年，胚胎移植技术试验成功。试管婴儿的培育成功，给了那些不育夫妇很大的希望，但是这也引起了人们对一个道德问题的忧虑。比如说，一个妇女在50多岁甚至60岁时通过体外孕技术孕育了一个孩子，有可能在孩子还未成年时，老人就会去世，那么谁来抚养这个孤儿呢？

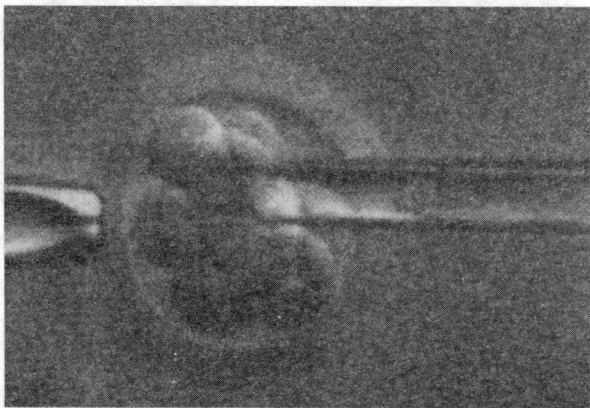

潜水艇的由来

 最早见于文字记载的潜艇研究者是意大利人伦纳德，他于公元1 500年提出了"水下航行船体结构"的理论。1578年，英国人威廉·伯恩出版了一本有关潜艇的著作《发明》。1620年，荷兰物理学家科尼利斯·德雷尔成功地制造出人类历史上第一艘潜水艇，它是人类历史上第一艘能够潜入水下，并能在水下行进的"船"。它的船体像一个木柜，木质结构，外面覆盖着涂有油脂的牛皮，船内装有作为压载水舱使用的羊皮囊。这艘潜水艇以多根木桨来驱动，可载12名船员，能够潜入水中3～5米。德雷尔的潜水艇被认为是潜艇的雏形，所以他被称为"潜艇之父"。

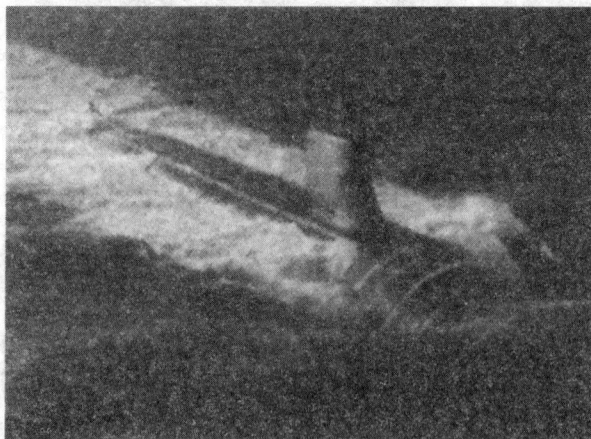

尿不湿的由来

　　最早尝试尿布替代品的是日本人。而迈出了实质性一步的是瑞典人鲍里斯特尔姆，1942 年，他发明了两件式的纸尿布，外层是塑料裤，内层是纸做成的吸收垫。这种一次性的纸尿布很容易破掉，碎屑会沾满孩子的屁股，所以很长时间内并没有被广泛应用。1961 年，被美国《时代》周刊评为 20 世纪最伟大的 100 项发明之一的纸尿裤——由宝洁公司推出。据传，宝洁之所以会研发纸尿裤，是因为研发部经理有了一个小孙女，频繁地换洗尿布让他不胜其烦，于是他下决心要发明一种不用洗的东西来替代尿布。

月饼的由来

月饼，又叫胡饼、宫饼、月团、丰收饼、团圆饼等，是古代中秋祭拜月神的供品，沿传下来，便形成了中秋节吃月饼的风俗。

据史料记载，早在殷周时期，江浙一带的民间就已产生有纪念太师闻仲的"边薄心厚太师饼"。汉代张骞出使西域，引入胡桃、芝麻等，为饼食加工增加了辅料，出现了以胡桃仁为馅的圆形"胡饼"。北宋皇家中秋爱食一种"宫饼"，民间俗称为"小饼"，"月团"，其品种已有"桂饼"和"五福饼"等。不过，这些"饼"与"月"还没挂起钩来，在民间还没有形成中秋吃月饼的习俗。月饼一词出现在南宋吴自牧的《梦粱录》中，但它只是一种象形饼食，宋代几本专门记载风俗的书，都未提及中秋食月饼。把月饼同中秋节联系起来，则是明田汝成的《西湖游览志》，上写道："八月十五谓之中秋，民间以月饼相遗，取团圆之意"。明刘侗，于奕正的《京都景物略》也说："八月十五祭月，其祭果饼必圆……"沈榜在《宛署杂记》记述明代京师北

京月饼盛况时指出，每到中秋，坊民皆"造面饼相馈，大小不等，呼为月饼。市肆至以果为馅，巧名异状，有一饼值数百钱者。"当时，一些心灵手巧的制饼大师已把嫦娥奔月的优美传说作为食品艺术图案刻在月饼上。清代《燕京岁时记·月饼》载："至供月，月饼到处皆有。大者尺余，上绘月宫蟾兔之形。有祭毕而食者，有留至除夕而食者，谓之团圆饼。"农历八月十五，清乾清宫内供月御案陈列的"月饼山"，从下往上，案上的月饼由大渐小，垫底的直径达尺余，而顶上的小月饼则只有两寸许，名曰："桃顶月饼"。由此可见清代月饼名目之繁多，花色品种丰富之程度。

洗衣粉的由来

　　德国汉高公司在 1907 年以硼酸盐和硅酸盐为主要原料，首次发明了洗衣粉。随着不断加快的新型酶制剂研发进程，如今洗衣粉的去污效果比从前有了质的飞跃。诞生于丹麦的碱性脂肪酶便是针对顽固油渍而开发的，但由于价格昂贵，初期仅为美、日、丹麦等发达国家在高端洗涤产品中应用。在去污效果上，因为酶之间的协同作用，复合酶洗衣粉比单一酶洗衣粉又要更胜一筹。如今洗衣粉已成为各家各户日常购买的必需品了。

汽水的由来

汽水的发明者是 18 世纪的一位英国人约瑟夫·普利斯里，他也是氧气的发现者。普利斯里对化学有着浓厚的兴趣，当他在约克郡做教会牧师的时候，隔壁刚好是一间酿酒厂，厂里的发酵缸不断冒气，他把发酵缸里冒出来的气体收起来掺到水中，惊奇地发现这样的水比普通的水喝起来要更凉爽。他经过研究发现这种气体是二氧化碳。后来，他采用人工的方法制造了二氧化碳，再把它们溶入水中，这就是最初的汽水。

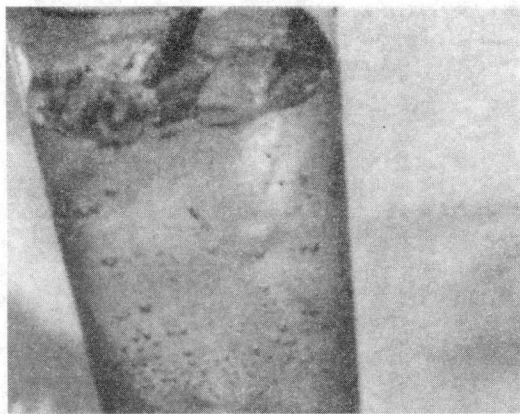

灭火器的由来

　　首个现代灭火器由英国人佐治·孟比于1816年发明的。当时的设计是在铜罐内放置压缩空气及3加仑（约7升）碳酸钾溶液。19世纪末起开始使用碳酸硫酸灭火器。1905年，俄国的劳伦特教授在圣彼德堡发明一种泡沫灭火剂。原理是把硫酸铝与碳酸氢钠溶液混合并加入稳定剂，喷出后生成含有二氧化碳的泡沫，浮在燃烧的油、漆或汽油上，能有效地隔绝氧气，窒熄火焰。1909年，美国人戴维森取得一项专利，利用二氧化碳从灭火器内压出四氯化碳，这种液体会立即变成不可燃的较重气体以闷熄火焰。此后人类又发明了干粉灭火器，液态二氧化碳灭火器等多种小型式灭火器。

消防车的由来

在蒸汽机发明以前，城镇里使用的是安装有人力水泵的马拉消防车，到19世纪欧美国家的城市消防队开始装备以蒸汽机为动力的抽水灭火装置，人类并发明出了载有这种灭火装置的专用消防车。但这种消防车仍是采用马来牵引。到20世纪初，马拉的蒸汽消防车被以内燃机为动力、以汽车为底盘的消防车所取代。

现代消防车是装有抽、压水泵及水管或化学灭火剂的专用卡车。消防车装有自备水箱，在用水箱贮存水灭火的同时，还可用帆布软管接上火场附近的消防栓取水灭火。

室内自动消防系统的由来

    1806 年英国律师凯里首先提议，在办公楼、宾馆、工厂及商店安装自动洒水系统。这种系统在 1864—1881 年间试制成功，后来又逐步改进完善。有些洒水系统的喷嘴用低熔点金属塞堵住，一旦受热即熔化，水就会自动喷出。现代社会的较大型公共场所及办公楼则安装了更为先进的报警系统，房间内装有烟火传感器乃至监视系统，一遇火情自然报警，自动消防系统也会马上启动。

雪茄的由来

历史上最早的雪茄可以追溯到古代的玛雅文化。在马雅神殿里，墙上的浮雕和装饰明显地描绘着"吸烟"在玛雅文化的典礼和仪式上曾经发生过。雪茄的英文词"Cigar。"可能是从古语"Sicar"而来，意思是"薰香"或"薰烟"。

一般认为，哥伦布是将雪茄烟引介至欧洲大陆的人，时间大约是15世纪末期。当他的船队抵达新大陆时，他发现当地的土著人抽着一种由烟草叶卷成的烟。西班牙和葡萄牙人后来开始在此定居，并开始了雪茄的制作。在18世纪，荷兰人成功地将雪茄出口到俄国。不久，法国、意大利和瑞士的雪茄商人也开始了他们的贸易。

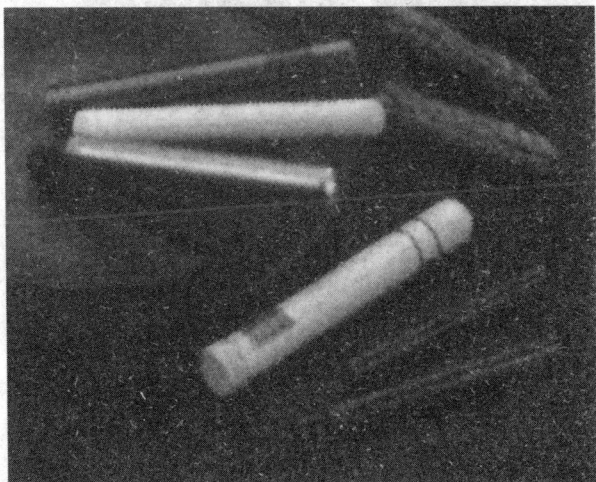

QQ 的由来

　　腾讯公司于 1998 年 11 月在深圳成立，是中国最早也是目前中国市场上最大的互联网即时通信软件开发商。1999 年 2 月，腾讯公司正式推出第一个即时通信软件——"腾讯 QQ"。2000 年，经过网友投票，腾讯选择了企鹅做 QQ 形象。企鹅是一种可爱的动物，在它身上集结了爱、勇气和冒险的精神。在网络即时通讯领域，腾讯公司凭借一个可爱的聊天工具小企鹅 QQ 改变了 4.3 亿中国人的沟通习惯。

电笔的由来

　　爱迪生在门罗公园实验室里完成了他的第一件发明——电笔，当年他的年龄只有 10 岁。

　　电笔是检验电路通电是否良好的工具。利用电笔测电时要用手摸电笔尾部，因为这样才能形成电路，电流从电笔一端流入，经过稀有气体到达尾部，然后电流经过人体流到地下。当然，这个电流是很小的，不会对人造成伤害，因为稀有气体电阻是很大的。普通试电笔测量电压范围在 60～500 伏之间，低于 60 伏时试电笔的氖泡可能不会发光，高于 500 伏不能用普通试电笔来测量，否则容易造成危险。

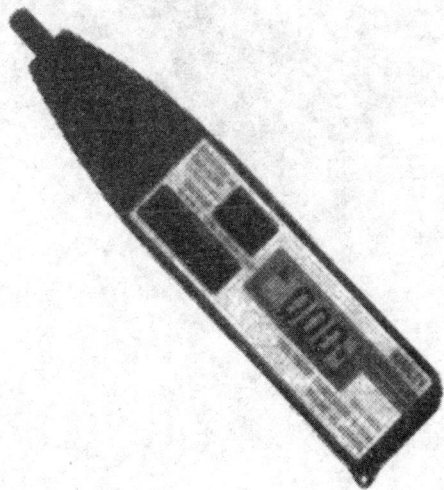

燃气报警器的由来

上世纪60年代，日本九洲大学的清山哲郎教授在进行氧化物催化剂研究时发现，氧化物半导体的电导率随环境中还原性气体的浓度而变化，如果反过来利用这一现象，便可通过测定氧化物半导体的电导率检测环境中的还原性气体的浓度。根据这一现象，清山哲郎教授发明了人类最初的气体传感器，清山哲郎因此也被人们尊称为"化学传感器之父"。

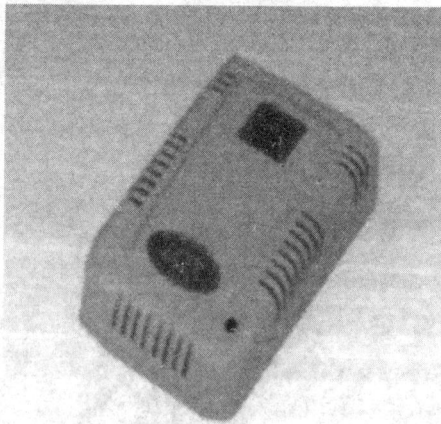

爆米花的由来

　　爆米花发明于宋代，范成大在《吴郡志·风俗》中记载："上元，……爆糯谷于釜中，名孛娄，亦曰米花。每人自爆，以卜一年之休咎。"在新春来临之际宋人用爆米花来卜知一年的吉凶，姑娘们则以此卜问自己的终身大事。宋人把饮食加入文化使之有了更丰富的内涵。

　　爆米花松脆易消化，可作为日常的可口零食。爆米花的发明更折射出中国饮食的丰富多彩，它的更深的含义，就是爆米花的出现开创了一种新的食物加工方式的问世，即膨化食品的诞生。

斗帐的由来

《释名》："小帐曰斗帐，形如覆斗也。"斗帐即小帐，是家中专用的坐帐。隋唐以前，床是人们坐卧寝处的多种用途的家具，也是室内陈放的主要家具，张设在床上的帐，就具有保暖、避虫、挡风、防尘等多种用途。隋唐以后，随着生活习俗的变化，室内家具中的床只是专供寝卧睡眠的家具，桌、椅的普遍使用，也淘汰了厅堂居室内的坐床，与之相联系的斗帐也就被淘汰了。

火腿的由来

　　火腿发明于中国宋朝。最早出现火腿二字的是北宋，苏东坡在他写的《格物粗谈·饮食》明确记载了火腿做法："火腿用猪胰二个同煮，油尽去。藏火腿于谷内，数十年不油，一云谷糠。"据传北宋抗金名将宗泽回家乡后，带回了几块老家浙江义乌的咸肉，给宋高宗赵构品尝，赵构见到肉色鲜红如火，尝后味道鲜美，大喜，便给它赐名为"火腿"。火腿的制作需要多个工艺流程，含有丰富的矿物质及蛋白质，不仅是令人垂涎欲滴的美味而且还是强身的补品。

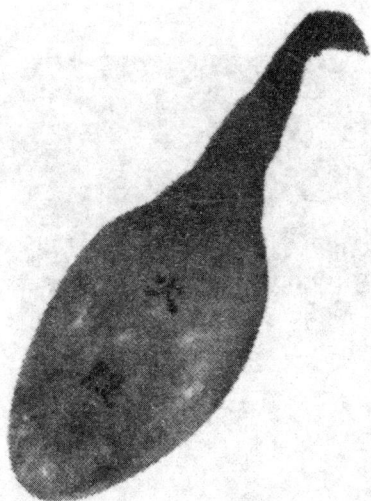

地图的由来

在史前时代，古人就知道用符号来记载或说明自己生活的环境、走过的路线。现在人们能找到的最早的实物地图是刻在陶片上的古巴比伦地图。据考证这是 4500 多年前的古巴比伦城及其周围环境的地图。该地图描绘了底格里斯河和幼发拉底河发源于北方山地，并流向南方的沼泽，古巴比伦城位于两条山脉之间。

我国关于地图的记载和传说可以追溯到 4000 年前，《左传》就记载了夏代的"九鼎图"。

电报的由来

　　利用电磁波作载体，通过编码和相应的电处理技术实现人类远距离传输与交换信息的通信方式，这就是电报通信的原理。电报通信是在 1837 年由美国人莫尔斯首先试验成功的。随着技术进步，公众性电报通信业务逐渐减少，用户电报、智能用户电报等新业务有逐渐取代公众电报业务的趋势，而电报通信的存储转发和充分利用信道等特点正在数据通信等新业务中得到发展。

打火机的由来

据悉，打火机是一位名叫阿尔弗雷德·丹希尔的伦敦青年发明的。那时，他得知前线士兵想抽烟却常常因为火柴受潮而无法点火，于是，他决心研制一种便于携带而不会受潮的打火机。后来他在一位化学家的帮助下发明了一种由金属壳体和顶盖结构组成的打火机。这种打火机在经过改进以后到1924年才投入大批量生产，大多数前线的烟民们还没有来得及用上它，一战就已经结束了。

奥地利人1918年生产了全球第一个煤油打火机。ZIPPO打火机就是受奥地利煤油打火机的启发而发明生产的。据说该打火机是一战中奥地利士兵在战壕中用子弹壳制作的，因此至今为止该打火机还保留着战争的痕迹。打火机的机身内仓（装煤油）是仿子弹外形制造的，而装火石的构造则是仿步枪枪栓的，机身的防风帽可以上下调节火焰大小，防风性能极好。

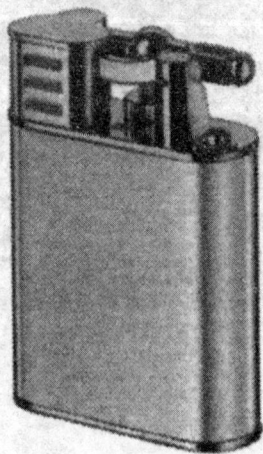

麻醉剂的由来

　　麻醉剂是中国古代外科的成就之一。早在东汉时期，我国古代著名医学家华佗就发明了中药麻醉剂——"麻沸散"，作为外科手术时的麻醉剂。华佗曾经成功地做过腹腔肿瘤切除术，肠、骨部分切除吻合术等。近代最早发明全身麻醉剂的是 19 世纪初期的英国化学家戴维。有一天，他牙疼得厉害，当他走进一问充有"一氧化二氮"气体房间时，牙齿不感觉疼了。好奇心使戴维做了很多次试验，从而证明了一氧化二氮具有麻醉作用。牙科医生助理廉摩顿研究发现，一氧化二氮虽有麻醉作用，但效力较小。他从化学家杰克逊那里得到启示，决定采用乙醚来进行麻醉。1846 年 10 月近代历史上第一例采用全身麻醉的手术成功进行。

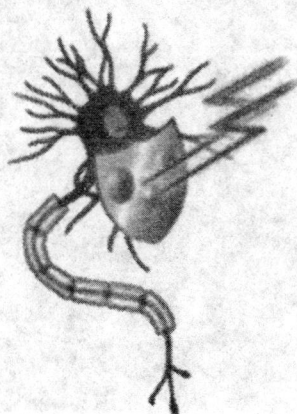

云南白药的由来

云南白药的发现者是生活在我国云南的一位名叫曲焕章的彝族人。

传说有一天，曲焕章上山采药，看见两条蛇正在缠斗。过了一会儿，其中一条败退下来。这条气息奄奄的蛇游到一块草地上蠕动了起来。此时，奇迹发生了，不一会儿，蛇身上的伤口变得完好如初。曲焕章等蛇游走后，拿起那草仔细辨认，他认定这草一定有奇效。于是，综合民间传说和自己平时疗伤止血的经验，曲焕章终于创制出了百宝丹——云南白药的前身。人们根据它的外观把它叫作白药。这种白色的药末具有很强的消炎止血、活血化淤功能。

罐头的由来

军队打仗必须要有充足的食品供应。但是过去没有科学的保藏方法，军队携带的肉类、蔬菜和水果常常大批腐烂，造成食品短缺。

1795 年拿破仑悬赏 12000 法郎征求军用食品的新鲜保存法。9 年后，亚培尔找出了食品的密封贮藏法。亚培尔把已加热的食物放在坛子里封紧，再放到沸水中加热，从而达到了杀菌久贮的目的。亚培尔不仅得到了奖金，为拿破仑解决了大难题，还使世人都能尝到新鲜、美味的各种罐头食品。后来，英国人朱兰将坛子换成了白铁盒，使这种保存食品的方法得到了进一步的改进和推广。

香水的由来

使用香料的历史可上溯至公元前3000年左右。人类最早的香水，就是埃及人发明的可菲神香。但因当时并没有精炼高纯度酒精的方法，所以这种香水准确地说，应称为香油，是由祭司和法老专门制造的。

很快这种风尚流传到法国、英国等欧洲国家。17世纪时，Paul Feminis配制出一种异香扑鼻的奇妙的液体，因他当时住在德国科隆，故将此液体命名为"科隆水"。

19世纪下半叶起，挥发性溶剂代替了早期的蒸馏法制剂，尤其是人工合成香料在法国诞生，香水不再局限于天然香精，从而使香水工业迅速得到发展。

U 盘的由来

当 U 盘代替软盘成为人们常备的移动存储工具时，很少有人知道，U 盘不是产品名称而只是一个公司注册的闪存盘商标。而这个发明世界第一款闪存盘，并因此荣获闪存盘全球基础性发明专利的公司，其创始人、发明专利持有者之一是我国哈尔滨朗科科技有限公司的总裁邓正彬。

邓正彬推出的以 U 盘为商标的闪存盘是世界上首创基于 USB 接口，采用闪存（FlashMemory）介质的新一代存储产品。闪存盘是中国在计算机存储领域 20 年来唯一属于中国人的原创性发明专利成果。

耳环的由来

如今耳环已经成为都市女性不可缺少的配饰之一。但在古时候，穿耳戴环恰恰是"卑贱者"的标志。明人田艺衡在《留青日札》一书中说："女子穿耳，带以耳环，盖自古有之，乃贱者之事。"这段话就明确地告诉我们，穿耳戴环在最初并不是贵族妇女所为。

穿耳洞的最初意义，并不在于装饰，而是为了起警戒作用。它本来是少数民族的一种风俗，因为有些妇女过于活跃，不甘居守，有人便想出在女子的耳朵上扎上一个孔，并悬挂上耳珠，以提醒她们生活检点，行动谨慎。后来该风俗传到中原，也为汉族人民所接受，于是就变成汉族人民的礼俗了。

中国结的由来

  中国结是中国特有的民间手工编结装饰品，始于上古先民的结绳记事。据《易·系辞》载："上古结绳而治，后世圣人易之以书目契。"东汉郑玄在《周易注》中道："结绳为约，事大，大结其绳；事小，小结其绳。"中国结作为一种装饰艺术始于唐宋时期。到了明清时期，人们开始给结命名，为它赋予丰富的内涵，如如意结代表吉祥如意、双鱼结代表吉庆有余等，结艺在那时达到鼎盛。

塑料袋的由来

　　1902 年 10 月 24 日，奥地利科学家马克斯·舒施尼发明了塑料袋。这种包装物既轻便又结实，在当时无异于一场科技革命。可舒施尼做梦也没想到他的这项发明 100 年后给人类带来了环保灾难。由于塑料袋大都是用不可再生降解材料生产的，处理这些白色垃圾只能挖土填埋或高温焚烧。这两种办法都不利于环保。据科学家测试，塑料袋埋在地里需要 200 年以上才能腐烂，并且严重污染土壤。而焚烧所产生的有害烟尘和有毒气体，同样会造成对大气环境的污染。

指甲油的由来

　　指甲油的由来可追溯到西元前6000年前。当时的"埃及艳后"开始用黄色花瓣将指甲染成金色。

　　而指甲油则是公元前3000年中国人最早发明的。在15世纪明朝的一本手抄本中就曾记述了当时以黑色和红色指甲作为皇族的象征。

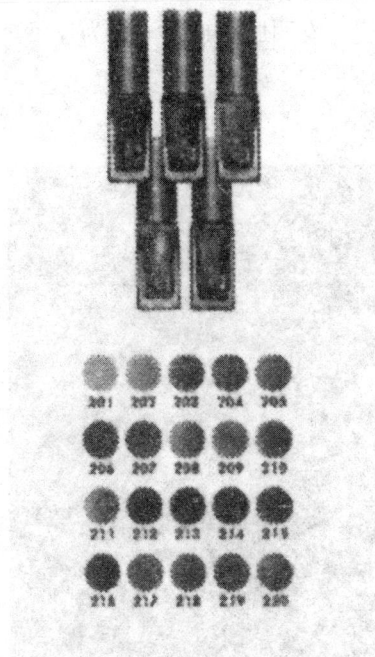

肥皂的由来

传说在西元前 7 世纪古埃及的一个皇宫里，一个腓尼基厨师不小心把一罐食用油打翻在地，他非常害怕，趁别人没有发现时赶快用灶炉里的草木灰撒在上面，再把这些混合了油脂的草木灰捧出去扔掉。望着自己满手的油腻，他试着把手放到水中洗，奇迹出现了：他只是轻轻地搓了几下，满手的油腻就轻易洗掉了！甚至连原来一直难以洗掉的老污垢也随之被洗掉了。秘密一传出去，法老也让厨师每天准备拌了油的草木灰供他洗手用。

传说虽然是传说，但亚历山大城附近的埃及湖中盛产天然碳酸钠，因此古埃及洗涤技术相对发达，发明肥皂也就不足为怪了。

婚纱的由来

现代的白色婚纱起源于 18 世纪法国拿破仑时代。白色作为婚纱颜色中的主流颜色，有其深厚的历史根源。在君主统治时期，妇女的社会地位十分低下，人们十分看重女子的贞洁，女孩子在婚前一定要守身如玉，这种想法也反映在新娘穿着的礼服的颜色上。有的地方就规定，白色婚纱是少女的专利，而结过婚或已失身的女子是不能穿白色婚纱的。随着时代的发展，越来越多的女孩已不满足于单一的婚纱颜色，她们在举行婚礼时大胆地披上了各色的婚纱，很多新娘还会在婚礼当天不同的时刻换上不同颜色的婚纱，多种的色彩充分体现了新娘不同的性格，让新娘在这个属于她们的日子里分外的光彩照人。

粽子的由来

从南北朝以后，中国民间开始有了吃粽子的习惯，据说这一习惯源自百姓祭奠屈原的说法。

南朝学者吴均（公元467～公元520）在《续齐谐记》中写道："屈原五月五日投汨罗而死，楚人哀之。每至此日，竹筒贮米，投水祭之。汉建武中，长沙欧回，白日忽见一人，自称三闾大夫，谓曰：'君当见祭，甚善。但常所遗，若蛟龙所窃。今若有惠，可以楝树叶塞其上，以五彩丝缚之。此二物，蛟龙所惮也。'回依其言。世人作粽，并带五色丝及楝叶，皆汨罗之遗风也。"

关于吃粽子的传说，民间还有另外一个说法。该说法是，百姓怕屈原的尸体被江里的鱼吃掉，于是裹了粽子，投入江中喂鱼。

粽子与屈原关联的说法，由于其浪漫主义色彩，而被广为传颂。粽子在文人歌赋中屡有出现。

元稹曾在诗中写道："彩缕碧筠粽，香粳白玉团。"

宋代杨无咎在《齐天乐端午》中写道："疏疏数点黄梅雨。殊方又逢重午。角黍包金，菖蒲泛玉，风物依然荆楚。衫裁艾虎。更钗袅朱符，臂缠红缕。扑粉香绵，唤风绫扇小窗午。"

溜冰鞋的由来

　　第一双轮式溜冰鞋出现在 1760 年。1863 年，美国人普林普顿发明了四轮溜冰鞋，使轮式溜冰运动真正风行起来。冰上溜冰大约在 2000 前起源于北欧斯堪的纳维亚半岛冰冻的河川或湖泊上，当地的人把动物骨骼磨平，把其中较小的用皮带绑在脚上滑行，而把较大的做成雪橇来滑雪。现在流行的溜冰鞋是 1870 年由美国著名的花式溜冰家海恩斯发明的。这种不锈钢冰刀减少了鞋底在冰上的摩擦，使溜冰者更能随心所欲地表现。1876 年英国伦敦建造了世界第一座人工制冷的室内"冰宫"，从此溜冰不再受季节限制。

口香糖的由来

　　在100年前，美国有个叫托马斯·阿塔姆斯的人，他看见一个小孩在院子里玩，嘴里好像在吃什么东西，老是咕唧咕唧地咀嚼什么似的。阿塔姆斯就拿一块点心去和小孩换。原来这小孩子吃的是由长在南美和墨西哥的一种叫做糖胶树的树液做成的树胶。这种"怎么嚼也不会减少的点心"引起了阿塔姆斯的好奇。后来，这种树胶先后被名叫科尔甘和阿姆·利吉利的人改良，他们在树胶里加进了各种香味、糖和薄荷等原料，逐渐演变成了今天大家都常见的口香糖的样子了。

喷雾器具的由来

挪威发明家埃里·克罗泽姆发现液体可以盛在有一定空气压力的铝桶中，空气压力增加时，液体就会喷出，于是他在 1926 年向人们展示了喷雾原理。1939 年美国发明家朱利安·康制造了可移动喷雾桶，后来这一发明又得到了莱尔·大卫·古德休的完善。古德休在 1941 年申请了可重复充气使用的喷雾桶，并被人们认为是喷雾桶的发明者。二战期间，盛满杀虫剂的重型喷雾桶被用在难民营中，成了消灭跳蚤、虱子的有力工具。

隐形眼镜的由来

隐形眼镜是视力需要矫正的人们的时尚选择，而它真正的发展已有百年历史。

1508年，意大利科学家达·芬奇就描述过将玻璃罐盛满水置于角膜前，以玻璃的表面替代角膜的光学功能。1845年，英国人赫尔奇发现在玻璃和眼睛中间注入透明的动物胶质置于角膜表面，可以短暂矫正患者视力。1938年，由于塑胶PMMA材料的发明，出现了第一副全塑胶隐形眼镜。1960年，捷克斯洛伐克科学家奥托研制出一种吸水后会变软，又能适合人体使用的HEMMA材料，并因此制作出第一副软性隐形眼镜。

1971年，美国博士伦公司首先获得美国联邦食品医药管理局核准，在美国生产和销售软性隐形眼镜。

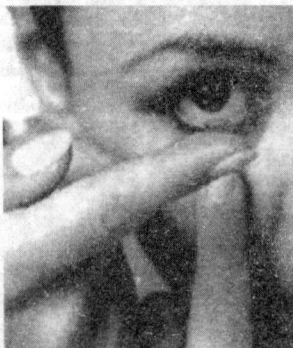

墨镜的由来

　　墨镜诞生自上世纪 20 年代的美国，但长久以来，意大利在眼镜的创新和发展上一直扮演着主要角色。带颜色的镜片被认为最早源于古代中国，在审案时判官戴烟熏过的石英镜片掩盖神色，使得堂上人员无法揣摩判官的意见。但是另有一些观点认为最早的墨镜诞生在罗马，具体时间是公元 54 年。当时的古罗马皇帝尼禄使用凹形的翡翠和红宝石矫正近视，并在观看斗兽表演和露天戏剧表演时配戴用来遮挡太阳光。虽然这个说法的准确性还有待考证，不过意大利最早用眼镜来矫正视力的观点是普遍认可的。

眼镜的由来

13 世纪末，第一个从欧洲来中国的意大利旅行家——马可·波罗曾经在 1260 年就记下了中国的一些老年人配戴眼镜阅读印刷品的事。可见那时眼镜在中国已较普遍了。多数专家认为，眼镜出现于南宋，发明者可能是宋朝狱官史沆。

古时候，中国的眼镜是一个椭圆形的透镜。透境是用岩石晶体、玫瑰色石英、黄色的玉石和紫晶等制成的。那时，人们把配戴眼镜看作是一种尊严的象征。因为制作镜框的玳瑁被认为是一种神圣和有代表性的动物，而透镜的材料又是选自各种名贵的宝石，所以，人们配戴眼镜，常常并不是为了增强视力，而图的是能走好运和显示尊贵。正因为人们很少注意眼镜的实用性，使眼镜在古代并不很流行。

近年来，我国考古工作者在扬州地区邗江县甘泉山东汉光武帝刘秀之子刘荆之墓中清理出一批珍贵文物，其中有一只小巧的水晶放大镜。这只放大镜，是一片圆形水晶凸镜，镶嵌在一个指环形的金圈内，能将细小的东西放大四五倍。这种起放大作用的凸镜虽然不能说就等同于眼镜，但眼镜的光学原理与此是有相似之处的。或者可以说这已是眼镜的雏形了。

还有一种说法说眼镜自明代中叶传入我国，被视为珍物，然后才能自造，渐次流行。初名叆叇，后才称眼镜。

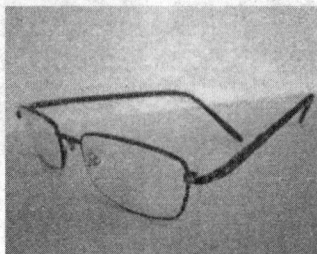

大头针的由来

在很久以前，人们别东西的时候用的就是缝衣服的针，因为总会掉出来，就有人在针不尖的一端涂一些蜡烛、松香油之类能固定的东西，久而久之就有了现在的大头针。

当需要更大力量、更大面积固定物体（如纸张、布类）时就有聪明人发明了图钉。

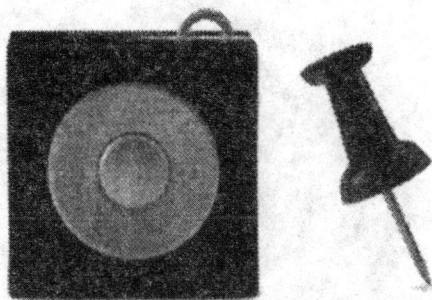

蚊香的由来

为了防止蚊子的祸害，人们发明了蚊帐和蚊香。其中蚊香的发明可能与古人端午节的卫生习俗及烧香祭祀的习俗有关。《荆楚岁时记》记载："端午四民踏百草，采艾以为人，悬之户上，禳毒气"。早年端午节人们除在门口插上艾草外，还常将雄黄酒涂在身上，这样做可能使空气清新一些，其次还有防止蚊子叮咬的作用。

原始的蚊香出现在宋代。根据宋代《格物粗谈》记载："端午时，收贮浮萍，阴干，加雄黄，作纸缠香，烧之，能祛蚊虫。"这应当是较早的"蚊香"。

灭蚊灯的由来

灭蚊灯又可称为紫光灯。拥有 154 年历史的世界知名企业——德国贺利氏公司，是日光灯、紫光灯的发明者。

灭蚊灯可以分为电子灭蚊灯和气流吸蚊灯两种。它的工作原理是：利用蚊子对特殊波长的敏感性，通过光催化二氧化碳来吸引蚊子，利用外围的高压电网瞬间将蚊虫杀死。由于在使用时，不需要采用任何化学灭蚊物质，对人无害，灭蚊灯是一种相对环保的灭蚊方式。

卫生巾的由来

卫生巾的发明得感谢第一次世界大战中在法国服役的美国女护士，这些身着轻盈白衣的女子是现代职业女性的先驱。即使月经期间，她们仍要保持那份优雅和干练，于是对经期用品做了一番大胆的尝试：用绷带加药用棉花制成了最早的卫生巾。

卫生棉条的起源可以追溯到1929年。在外科手术中，医生或护士经常使用棉或纱布来吸收出血。美国的伊勒·C·哈斯博士将这种做法应用到女性经期卫生用品的使用上来，他发明了世界上第一个内用卫生棉条。

现代版本的卫生巾据称是由一名十分疼爱妻子的美国男士发明的，他无意中发现，用细软的布将洁净的棉纤维和吸收性强的纸浆包裹起来，做成长条状棉垫，能够有效减轻妻子经期的痛苦和不方便。这种棉垫20世纪40年代开始从欧美国家流行起来，并逐渐发展成使用一次性材料制造的产品。

火锅的由来

我国人民吃火锅的历史，一直可追溯到唐代。那时的火锅又称暖锅，一种是铜制的，一种是陶制的，都用来涮羊、猪、鸡等肉食。到了元代，火锅流传于蒙古族，用来煮牛肉和羊肉。到了清代，火锅开始成为御膳的佳肴之首。据史料记载，嘉庆皇帝继位时，清宫曾摆设过火锅宴，共用了 1650 多个火锅，成为历史上最盛大的火锅宴。此外，民间火锅大为流行。在羊肉火锅之后，相继出现了白肉火锅，什锦火锅，菊花火锅，广东火锅，宜兴火锅和日本火锅等多种不同风味的火锅。

火锅以紫铜锅为最好。火锅的主料是羊，牛，猪，鸡肉类和海参，大虾，海米，冰蟹，蛎黄等海味。火锅用肉以瘦肉为主，精选后的肉块经冷冻后切成（或用刨子刮成）像纸一样的薄片，故称片肉。

吃火锅还讲究调味，主要调料有好酱油，芝麻油，卤虾油，香油，韭菜

花，腐乳，辣椒油，料酒，醋等九种，另外还可加上香菜末，葱丝，糖蒜等。把各种调料分别装在小碗里，个人任选自配。

锅子汤可用煮好的口磨汤，鸡汤或肉汤，里面放些佐料，如酸菜丝，粉丝，菠菜，冻豆腐，黄花菜等，可根据火候随时添入汤内。

吃法是，先把火锅内添满汤，然后把木炭放入火膛，待汤滚开后，再放入肉片。时间长短自己掌握，以不老为好，调料可根据个人口味选择，用片肉蘸食。

牙膏的由来

　　洁齿品的使用可追溯到 2 000—2 500 年前，早期的洁齿品主要是白垩土、动物骨粉、浮石甚至铜绿，直到 19 世纪人类还在使用牛骨粉和乌贼骨粉制成牙粉。用食盐刷牙和盐水漱口至今也还存在。而我国唐朝时期已有中草药健齿、洁齿的验方。18 世纪英国开始工业化生产牙粉。1840 年法国人发明了金属软管，为一些日常用品提供了合适的包装，这导致了一些商品形态的改革。1893 年维也纳人塞格发明了牙膏并将牙膏装入软管中，从此牙膏开始大量发展并逐渐取代牙粉。

保温瓶的由来

保温瓶是英国化学家杜瓦发明的。他在零下 24℃下成功制出液态氢，可没有合适的保温容器，这给他带来了很大的麻烦。聪明的他根据热传递的原理设计了一个瓶：用有很强反射能力的双层涂银玻璃作为瓶胆，将两层玻璃之间抽成真空，最后瓶口用绝热的塞子盖住。人们最初叫这种瓶为"杜瓦瓶"，也就是现在的保温瓶。

然而，认识到保温瓶在各种情形中都会有用的人是德国玻璃制造工人赖因霍尔德·伯格，他在 1903 年获得了保温瓶的专利，并且制订了把它投入市场的计划。产品非常成功，很快就运往世界各地，成为了与人们的工作、生活关系密切的生活用品。

空调的由来

被称为制冷之父的英国发明家威利斯·哈维兰德·开利于 1902 年设计并安装了第一部空调系统。

1902 年 7 月 17 日，这名才从康奈尔大学毕业一年的年轻人，在"水牛公司"工作时，发明了冷气机。但最初发明冷气机的目的，并不是为人们带来舒适的生活环境，而是为一些死物服务。

话说当年水牛公司的其中一个客户——纽约市沙克特威廉印刷厂，它的印刷机由于空气的温度及湿度变化，使纸张扩张及收缩不定，油墨对位不准，无法生产清晰的彩色印刷品。于是求助于水牛公司。开利心想既然可以利用空气通过充满蒸气的线圈来保暖，何不利用空气经过充满冷水的线圈来降温？如此一来，工厂里的空气将会既凉爽又干燥。

1902 年 7 月 17 日，空调的时代就由这印刷厂首次使用冷气机而开始。很快，其他的业如纺织业、化工业、制药业、甚至军火业等，亦因空调的引进而使产品质量大大提高。

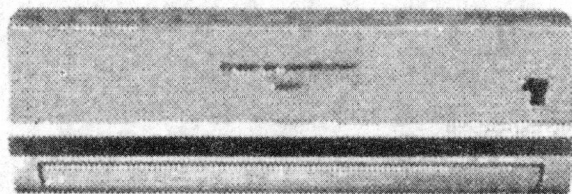

1915 年，开利成立了一家公司，至今这家公司仍是世界最大的空调公司之一。但空调发明后的 20 年，享受的一直都是机器，而不是人。直到 1924 年，底特律的一家商场，常因天气闷热而有不少人晕倒，而首先安装了三台中央空调，此举大获成功，凉快的环境使得人们的消费意欲大增，自此，空调成为商家吸引顾客的有力工具，空调为人们服务的时代，正式来临了。

电梯的由来

1854 年，一名40岁在之前的事业发展上非常不成功的机械师，戴着高顶礼帽，站在一个平台上。那个平台由一根缠在驱动轴上的缆绳高高地吊着，悬在参加年纽约市博览会的观众们的上方。突然机械师下令砍断缆绳。观众们屏住了呼吸，平台在落下几英尺后瞬间停住了。奥迪斯脱下帽子，欢呼道："完全安全，先生们，完全安全"。电梯就在这座城市里诞生了。在此之前"人力升降器"的电梯就已经出现了，但这位叫做艾立沙·格拉弗斯·奥迪斯的机械师设计了一种弹簧，弹簧可以把两个钢齿嵌到滑道的 V 型切口中以防缆绳受到断裂，这样他就造出了世界上第一部安全电梯。

筷子的由来

在世界各国的餐具中，中国的筷子独具风采，被誉为中华文明的精华。

远古时，人们吃饭是用手抓的，但在吃热的食物时，因烫手便用木棍来佐助。这样便不自觉地练出使用棍条夹取食物的本领。久之，从不自觉到自觉，练就了使用筷子的技术。大约到了原始社会末期，人们便用树枝、竹子或动物骨角制成筷子来使用。夏商有了经过琢磨的牙筷和玉筷问世，春秋战国，出现了庄重古朴的铜筷和铁筷，汉魏六朝，各种规格的漆筷也生产出来了。稍后，又有了精致名贵的银筷和金筷。近代，美观大方质料各异的筷子就很多了。而在各种筷子中，最珍贵的要数象牙筷、犀角筷、乌木镶金筷和各种玉筷。

筷子的名称，各个时代叫法不同。先秦时期筷子叫"挟"，有时作"筴"，秦汉时期筷子叫"箸"，隋唐时筷子被叫做"筋"。李白《行路难》中有"停杯投筋不能食"的诗句。宋代才有"筷"的称呼。

筷子使用轻巧方便，早在1000多年前就传到朝鲜、日本、越南等国。明清以后传入马来西亚、新加坡、印度尼西亚及爪哇等地。有人曾做专门研究和测定，证明小小筷子使用起来可以牵动人体的30多个关节和几十条肌肉，而这些关节和肌肉中的神经，又和脑神经相通，所以，用筷子可以使人心灵手巧。

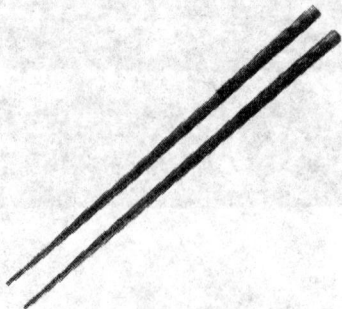

刀叉的由来

刀的产生恐怕得益于人类学会使用石器。人类最早先利用石头作为工具，敲打食物，或者用来投砍猎物等等，其中，自然界就存在类似比较锋利的石头，这就应该是最早的刀子的原型了。

叉子应该与树杈有密切关系。尽管公元600—700年间生活在中东的人在中东已经开始使用叉子，但直到大约1100年叉子才传入意大利。叉的原始形状只有两个齿，16世纪末又多了一根齿，到18世纪德国人开始使用四根齿的叉子。

十字绣的由来

早在公元 4 世纪，十字绣就从土耳其经由意大利在欧洲传播开来。最早的十字绣是用从蚕茧中抽出的蚕丝线在动物毛皮的织物上刺绣。这种十字绣在许多国家被人们用来装饰衣服和家具，由于各国的文化不尽相同，随着时间的推移，都形成了各自的风格，无论是绣线，面料的颜色还是材质，都别具匠心。当刺绣教育在学校受冷落时，十字绣仍旧以其绣法简单，外观精致典雅，别具风格而成为欧洲皇室贵族休闲娱乐的首选。后来十字绣传入民间，18 世纪中期逐渐产生了一些商业组织对它进行不断加工和完善。十字绣在二三十年代曾经是欧洲女性的新宠，如今再度受到瞩目，为大众所喜爱。人们可以按照自己的兴趣爱好，制作自己喜爱的图案，用来装饰日用品，同时也可以自娱自乐，体现个人风格。

窗帘的由来

　　窗帘的设计应该起源于中国。中国的古建筑中很早就有了窗的设计，有了窗就会有人想起应该有遮掩窗的东西，于是就有了窗帘。最早的窗帘是由丝织品做成的，这对于普通百姓而言还是奢望。当时也出现过竹木或草织窗帘，不过这些都没有成为主流。后来蔡伦发明和改进了造纸术后，人们发现用纸当窗帘也是一个很好的选择，既美观又实用，而且非常便宜。随着纸窗帘的普及，中国又产生了一项非常重要的艺术，这就是剪纸艺术。

消毒柜的由来

　　消毒柜是全球家电产业中少数几个发源于中国的产品。发明者广东康宝电器集团董事长罗小甲也被称为"消毒柜之父"。1988 年，罗小甲还只是一个农具工厂的厂长。一次，有一位移民澳大利亚的师弟回国探亲，特意来拜访他。罗小甲亲自为师弟端茶倒水，但他发现师弟始终没喝，一问才知道他是担心茶杯不干净。罗小甲灵感突现，与师弟一拍即合，开始了一个伟大的实验，制造出一台家用消毒柜。两个"打铁匠"反反复复敲敲打打了几个月，世界上第一台电子消毒碗柜在广东顺德杏坛镇诞生了！罗小甲从而开启了一个新的行业，同时在国内掀起了普及全新消费意识与生活方式的风潮。

便笺条的由来

便笺条是 3M 公司独特的"内部创业"制度下的产物。3M 允许技术人员利用百分之十五的上班时间从事自己的专案研究，以实现自己的创意，发明成功后，公司还颁奖表扬。

3M 的工程师弗赖伊，在"内部创业"制度下，经过 12 年的时间研究发明出来了带有轻度黏性的便笺条。当经理告诉弗赖伊这个发明没有市场时，他找经理们的秘书求助，向她们解释这个小发明在办公室里多么合用，甚至还向她们示范如何用它来标记页码、做提示条。如今便笺条已成为各工作人员不可或缺的办公用品。

沙漏的由来

　　沙漏又称"沙钟"，是我国古代一种计量时间的仪器。这种采用流沙代替水的方法，是因为我国北方冬天空气寒冷，水容易结冰的缘故。

　　最著名的沙漏是1360年詹希元创制的"五轮沙漏"。流沙从漏斗形的沙池流到初轮边上的沙斗里驱动初轮，从而带动各级机械齿轮旋转。最后一级齿轮带动在水平面上旋转的中轮，中轮的轴心上有一根指针，指针则在一个有刻线的仪器圆盘上转动，以此显示时刻，这种显示方法几乎与现代时钟的表面结构完全相同。此外，詹希元还巧妙地在中轮上添加了一个机械拨动装置，以提醒两个站在五轮沙漏上击鼓报时的木人。每到整点或一刻，两个木人便会自行出来，击鼓报告时刻。这种沙漏脱离了辅助的天文仪器，已经独立成为一种机械性的时钟结构。

扇子的由来

作为夏令必备之物的扇子，一般而论不会晚于西汉。目前所见最早的文献是扬雄的《方言》，其曰："扇，自关而东谓之口，自关而西谓之扇。"《春秋繁露》说："以龙致雨，以扇逐暑。"

扇子的形状颇多，如圆、长圆、扁圆、梅花、海棠、葵花等；扇面的面料又可分为绢扇、羽扇、罗扇、纸扇等。

羽扇的前身或许是商周时期使用的掌扇。汉成帝时，纨扇业已经流行。

扇子的写字绘画之风，三国时就已经开端。著名的书法家、画家王羲之、苏东坡都有"题扇"、"画扇"的轶事传于世，文学作品中也有不少的反映。

折扇在北宋已经流行。折扇出现后，很快就得到普及和发展。制作方面，扇骨由原来的5、7、8、10根增加到更多的数量，另外再加上雕镂技术，使得扇子成为了艺术佳品。

如今折扇的传世佳品首选明朝宣德皇帝朱瞻基的一把扇子。该扇子有扇骨15根，扇骨长82厘米，扇面纵59.5厘米，横152厘米。两边的两根大骨上头稍小、方头，下骨稍大、圆底。扇子合起时，恰如一根被劈破为两半的竹竿。其露在外面的骨子，皆用湘妃竹皮包镶。扇的两面均为纸木设色人物，

一面画的为柳荫赏花，戴乌纱帽的是主人，手中捧一瓶花的仆人正向主人走去；另一面画的为松下读书，也有一主一仆，并题有"宣德二年春日武英殿御笔"款，还有"武英殿宝"朱文方印（传于清时，又有"乾隆御览之宝"朱文椭圆形印）。

现在，杭州的檀香扇、苏州的绢扇、肇庆的牛骨扇、新会的葵扇等，在传统技法上都有所发展，这些扇子都是我国扇中之佳品，扬名海内外。

视力表的由来

　　1834 年，荷兰眼科医师赫尔曼·史乃伦发明了我们现今相当熟悉之视力测试图，该图又常被称为史乃伦氏视力表。

　　被检者坐在距视力表 5 米远的地方，双眼分别检查，先右后左，从上而下，受检者迅速说出视标缺口方向，把说对的最小视标一行的字号记录下来，以此表示被检者的视力好坏。正常人的视力为 1.0 或 5.0。

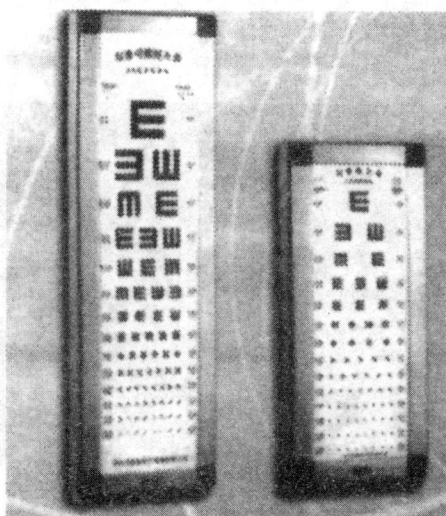

高速公路的由来

2007 年是世界上第一条高速公路诞生 75 周年。它的发展过程与希特勒有着千丝万缕的联系。

在经济危机横扫全球的时代背景下，1932 年希特勒于乱局中被选举上台。他敏感地意识到了高速公路的巨大价值，大规模地征集失业人员修建高速公路，迅速降低了失业率，在短期内扭转了经济形势，赢得了选民信任。同时，以这种寓军于民的方式，德国也悄悄修建了战时快速运输网络。目前德国高速公路通车里程的 1.1 万公里中，有四分之一是这种所谓的"希特勒高速公路"。

自动取款机的由来

自动取款机（ATM）的发明人谢泼德·巴伦1925年出生在苏格兰的罗斯郡。上世纪60年代中期，当时他所在的公司陷入困境，急需开发新产品使公司起死回生。谢泼德为此寝食难安。有一天，他在洗澡时突然有了灵感："我常因去银行取不到钱而恼火，为什么不能设计一种24小时都能取到钱的机器呢?"1967年6月27日，世界上第一台自动取款机在伦敦亮相，当时这台机器名叫"德拉路自动兑现系统"。这台机器可以接受经过放射性碳14浸泡过的支票，这在当时是比较先进的加密手段。最初顾客从自动提款机中一次只能取10英镑，因为当时10英镑已足够普通家庭维持周末了。

玩具熊的由来

　　1880 年，柏林当地最受欢迎的玩具就是一只站在四轮车上的木制熊，这是一种可以拉着四处走的玩具车。同一时期，在莫斯科当地的酒吧，也流行一种带自动发条的饮酒熊。这种会自动饮酒的玩具熊，在当时非常受欢迎。现在最著名的玩具熊制造公司史泰福公司在 1893 年时，也曾经制作过一些直立式的非布偶熊玩具，不过那时的玩具熊，是以写实的形象出现的，在触觉上较为沉重和坚硬。

豆腐的由来

　　豆腐的起源众说纷纭，但多数人认为这是从西汉高祖刘邦之孙刘安开始的。人称淮南王的刘安，其母喜好食用黄豆，一日母亲卧病在床，淮南王便命人将黄豆磨成粉，加水熬成汤以便让母亲饮用，但又怕食之无味，因此加了点盐来调味，没想到居然凝结成块，而这也正是豆腐最初雏形的形成。由于刘安是位炼丹家，因此当豆腐雏形产生后，他便与方士们共同试验，经过多次研究之后，终于发现石膏或盐类可使豆乳凝固成豆腐，用以烹调十分可口，从此豆腐也就在民间开始流传。

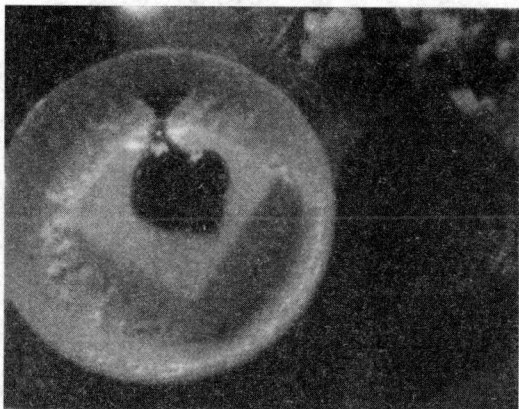

高尔夫的由来

　　高尔夫的诞生，一般说法是在 15 世纪，由苏格兰北部高地圣安德略斯一带的牧羊人，利用闲暇互相以棍杖打击石头（有人说果实，也有人说羊粪），逐渐演变而来的。但有另一个说法是荷兰人早先就在冰上玩一种叫"高尔普"的游戏，后来传到美国，讹变为高尔夫。

　　高尔夫与其他运动比赛大不相同，除场地规格及状况没有严格要求之外，杆数通常又是由打球者本人或球童负责记录，所以业余的比赛毫无客观的"胜负"标准。

荧光灯的由来

美国通用公司在 1938 年首次将荧光灯推向市场。早在 1900 年，欧美的一些科学家就发现，当一些物质被紫外线照射时会发出荧光。当时，一个名叫彼得·库珀·休伊特的美国发明家曾研制出一台低压汞放电器，他用各种染料做试验，试图获得白光而不是蓝光。通用公司的乔治·英曼后来获得了汞照明灯的专利权，这种灯可以产生大量的紫外光，从而可以引发荧光现象。荧光在特殊敏感材料如硅酸盐、钨酸盐中会可以产生各种色度的白光。二战期间，荧光灯首次在英国出现。

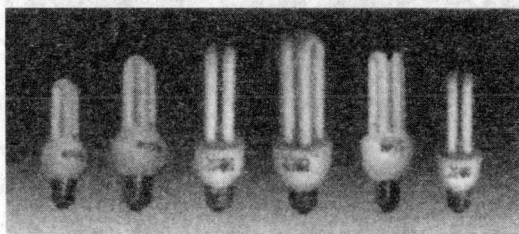

宽银幕电影的由来

20 世纪 50 年代，为了使电影院比电视机更具有竞争力，人们做出了许多尝试。其中，伴随着当时兴起的三维立体电影，大屏幕电影摄影学系统也在那个年代开始投入使用。电影工作者开始在一些系统中运用 35 mm 宽的胶带；在另一些系统中则使用 70mm 宽的胶带。法国科学家亨利·克雷蒂安开发研制出一种变形镜头，它可以使相机把宽大的影像压缩在胶卷上，并且当胶卷通过放映机放映时将其扩大。直到 20 世纪 50 年代，美国发明家费雷德·沃勒才发明了真正意义上的宽银幕立体电影，尽管他发明的系统要求三部同时开动的摄像机和放映机一起工作。

帽子的由来

　　帽子的发明来自于中国古代社会人们对权力和地位的重要认识。奴隶社会时期，帽子一开始只是在官僚统治阶层普遍使用，它的装饰和标识作用，象征着统治权力和尊贵地位。这时的帽子应该叫"冠"和"冕"，只有帝王和文武大臣可以佩戴，不同样式的帽子标示其地位和权力的大小。清朝末年，西洋文化的传入，西洋的帽子文化传入才使"帽子"在社会上普遍流行起来。在现代社会"帽子"可以说在向历史的"反方向"发展，它不再是地位和权力的象征，成为一种装饰品和防热御寒的工具。

口红的由来

　　考古学家发现，世界上的第一支口红在苏美人的城市乌尔被发现。约据史料记载，古埃及人会使用黑色、橘色、紫红色的口红，男性也会使用；古罗马时代一种名为 Fucus 的口红是以紫红色含水银的植物染液和红酒沉淀物所制成。中国唐朝贵族妇女和教坊歌妓喜欢以檀色（赭红）注唇。在维多利亚女王时期，口红被视为是妓女的用品，使用口红是一种禁忌。根据文献记载，伊丽莎白一世以口红抹粉来对抗死亡。中国古代妇女会将色素涂于纸的两面，用嘴唇抿住后，颜色自然会附于唇上。大约在 1660～1789 年，欧洲的法国和英国男士间流行涂口红。十八世纪美国爱美的女人会趁人不注意时以丝带摩擦嘴唇，以增加红润，这样的情形直到十九世纪。

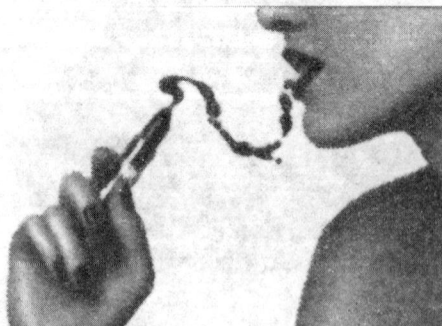

绳索的由来

公元前2800年，中国人已经掌握了创造麻绳的技术，那时人民开始用大麻纤维制绳。长期以来，用大麻纤维一直是世界上大多数地区的主要制绳材料。1775年，英国发明家马虚发明了制绳机，结束了手工制绳的时代。从1950年开始人们用人造纤维制造绳索。直径约2毫米的马尼拉绳受到5 512公斤的拉力才会折断，而同样粗的尼龙绳则能承受13 227公斤的拉力。

二进位制的由来

人类采用的计数法中，不仅有十进位制，还有五进位制等等。其中，最低的进位制是二进位制。大多数计算机都采用二进制。

在二进位制中，只有 0 和 1 两个符号。这样"逢二进一"，就可以用 0 和 1 两个数码表示出一切自然数。

17 世纪德国数学家莱布尼兹首先发明了二进制。莱布尼兹在哲学、政论方面也是专家。1671 年，他 25 岁时就发明了世界上第一台能进行加、减、乘、除四种运算的计算器。

但从全世界的范围看，中国的"八卦"才是最早的二进位制。关于"八卦"最早的文字记载见于《周易》，《周易》是世界公认的第一本讨论数字排列的书。

十进计数制的由来

　　中国人早在公元前 14 世纪的商朝就发明了十进计数制，十进计数制的发明和运用对现代科学的发展起到了非常大的推动作用。最早可以证明十进计数制出现的是在国内出土的公元前 13 世纪的甲骨文，该甲骨文中记述了古人利用十进制计算一年有 547 天的实例。

漆的由来

　　中国人最迟在公元前13世纪就已经发明和使用了漆。1976年在河南省安阳市发掘出的"妇好"墓中，（葬于公元13世纪），上过漆的棺木就是最好的证明。早在公元前2世纪，中国人已发现了漆的重要化学性质，发现了通过漆的蒸发过程使其变质的方法，发现了通过在漆中放几只螃蟹壳，漆就会保持液状，不会变干。公元前120年的《淮南子》一书提到了螃蟹壳能使漆保持液态的特殊功能。现代科学家化验证实，甲壳体组织内确有抑制某些酶的活动的化学成分。

地毯的由来

公元前500年地毯已在中国应用。已知最早的地毯起源于公元前5世纪的中国和伊朗。1606年，法国巴黎附近最早用上了织机编织的地毯。现在的地毯通常由人造纤维和羊毛编织而成。

吊桥的由来

　　中国人李冰于公元前 3 世纪在四川省灌县修建了安蓝桥。这是世界最早修建的竹缆链桥。它总长为 320 米，有 8 个孔，整个结构中没有一块金属材料。这种用竹子做的索桥是极有效的，整个缆索是以竹子为内芯，外边包着从竹子外层劈下的竹条（篾片）编成的"辫子"。编成辫子是因为篾片把内芯缠得越紧，缆索的强度就越大，从而增加了安全因素。中国人于公元 1 世纪又发明了铁吊桥。这桥可用于通行车辆。1655 年到中国访问的西方人马丁·马蒂尼曾描述过贵州境内一条河上的铁索桥，并编在那个时期有名的巨著《中国图集新编》中。

五线谱的由来

　　五线谱是在五根等距离的平行线上，标以不同的音符记号来记载音乐的一种方法，也是目前世界上通用的记谱法。五线谱的前身可追溯到中世纪的纽姆记谱法。纽姆记谱法是以横线为标准，用符号表示音的高低，但不能显示音值长短的方法。从 7 世纪起，这种记谱法首次出现于欧洲天主教堂内。11 世纪纽姆记谱法经意大利人阿雷佐的圭多逐步发展。13 世纪初有发明家又在原来的基础上加上了第 5 根线，彻底形成了五线谱的前身。

简谱的由来

　　所谓简谱，是指一种简易的记谱法。有字母简谱和数字简谱两种。一般所称的记谱，是指数字简谱。数字简谱以可动唱名法为基础，用1、2、3、4、5、6、7代表音阶中的7个基本音级，读音为 do、re、mi、fa、so、la、si，休止符以0表示。数字简谱的雏形初见于16世纪的欧洲。18世纪中叶，著名的法国思想家卢梭将数字简谱再加改进，大力倡导，并编入他的《音乐辞典》之中。19世纪，经过P·加兰、A·帕里斯和E·J·M·谢韦三人的继续改进和推广，数字简谱才在群众中得到广泛使用。因此这种简谱在西方又被称为"加—帕—谢氏记谱法"。

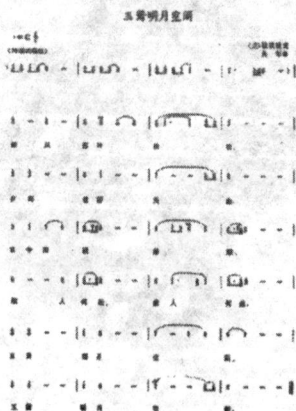

降落伞的由来

许多人都知道达·芬奇留下了降落伞的草图，这标志着欧洲人最初产生制造降落伞提法的时间。但是远在达·芬奇1500年前，中国人已经发明了降落伞，并且在实际生活中极其成功地运用了它。司马迁的《史记》完成于公元前90年，他在书中就已提到了降落伞的使用。

法国人西蒙在《历史性的关系》一书中也说过，他曾亲眼看到过中国人使用降落伞表演杂技。

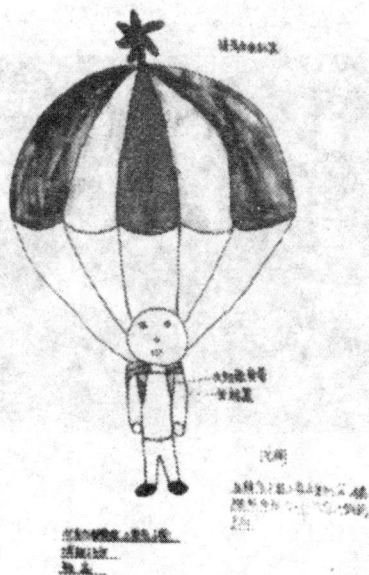

微型热气球的由来

公元前 2 世纪中国人发明了微型热气球。最早的微型热气球是用蛋壳制造的。《淮南万毕术》一书里曾提到，借助于燃烧着的引火物，蛋壳可以飞上天空。其做法是：用一个鸡蛋，去掉蛋黄和蛋清，然后点燃放入其孔中的引火物艾蒿，蛋壳就可以自行升空飞走。一位于 1939 年侨居在中国云南省丽江地区的名叫彼得·古拉特的外国人曾写书说，他曾目睹过中国人放纸扎热气球的情景。

电热毯的由来

  1912 年，美国医师西德尼·拉塞尔发明了电热毯。拉塞尔把经过绝缘的金属带缝入一块方形羊毛毯里，这样在通入电流时，这块毯子就会加热。当时的结核病人是裹着垫子睡在露天里的，拉塞尔改进了这种垫子，使它可以供暖。20 世纪 30 年代，电热毯被推向市场。二战期间，由于需要向高纬度的飞机员工提供电热服，人们开始进一步研究其安全性。对安全的持续关注导致了调节温度设备的出现。

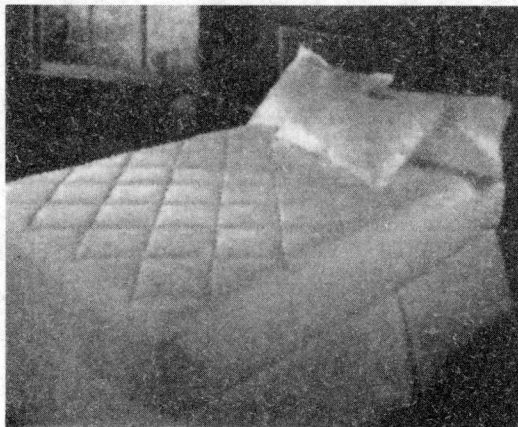

平衡环的由来

公元前 140 年，中国人房风发明了平衡环；公元 189 年中国人丁缓又改进了平衡环，后来该技术传到了欧洲。到公元 9 世纪，著名科学家罗伯特·霍克等人应用该装置的原理发明出了万向接头，正是这项发明使汽车的自动能量传输成为可能。

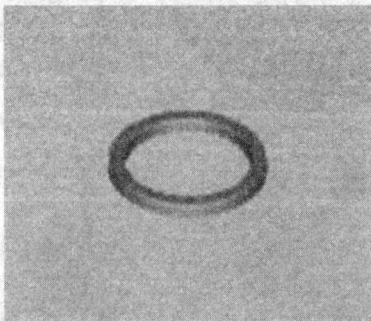

曲柄的由来

大约公元前 100 年中国人发明了曲柄，并在实践中得到了应用。当时中国人把一根棍子弯成一个直角，类似于摇转手柄。曲柄应用很广，如用于转动石磨等。曲柄在机械上可用来把往复运动转为旋转运动。1400 年有人把曲柄与连杆垂直相连，转动曲柄，连杆便作往复运动。曲柄和连杆是蒸汽机的主要组件，可以使活塞的往复运动转为旋转运动，驱动机器。如今的汽油和柴油引擎中，曲柄和连杆也起着同样的作用。

水力风箱的由来

公元 31 年中国人发明了水力风箱。《后汉书》记载了南阳太守杜诗发明以水为动力，用于铸造铁制农具的水力风箱的事情，并精辟地对之评价说，"用力少而建功多，百姓便之。"。后来发明家杜预对这种风箱做了大量改进，代代流传。欧洲直到公元 13 世纪，才开始使用这种技术，这比中国晚 1 200 年。在大规模工业加工过程中，中国人利用水利的创举是现代社会以前能源供给中最有意义的突破之一。

瓷器的由来

　　中国瓷器的发明和发展，是有着从低级到高级，从原始到成熟逐步发展的过程。早在 3000 多年前的商代，我国已出现了原始青瓷，再经过 1000 多年的发展，到东汉时期终于摆脱了原始瓷器状态，烧制出成熟的青瓷器，这是我国陶瓷发展史上的一个重要里程碑。

　　宋代是我国瓷器空前发展的时期，当时出现了百花齐放、百花争艳的局面，除青、白两大瓷系外，黑釉、青白釉和彩绘瓷纷纷兴起。这是我国陶瓷发展史上的第一个高峰。清朝康、雍、乾三代瓷器的发展臻于鼎盛，达到了历史上的最高水平，这是中国陶瓷发展史上的第二个高峰。景德镇瓷业盛况空前，至今保持着中国瓷都的地位。

直升飞机水平旋翼和螺旋桨的由来

公元 4 世纪中国人葛洪已谈到关于直升飞机旋翼的设计。那时中国有一种儿童玩具竹蜻蜓已如直升飞机的旋翼。这种玩具有一根轴，上面绕着一条线，轴上装着几个叶片，定好角度，一拉线，旋翼就向空中飞升上去。这种玩具对欧洲航空先驱者影响甚大。现代航空之父乔治·克莱爵士在 1809 年制作出中国式"竹片蜻蜓"，这种装置能飞上空中 7—8 米之高。后来，他又做了一个改进的旋翼，可以使机器飞上天空 30 米高。乔治·克莱于 1853 年画出了他做的直升飞机旋翼，这比中国已晚了 1400 多年。

桨轮船的由来

中国人于公元418年发明了桨轮船，这在一份中国水军行动的报告中已有记载。

公元494～497年，祖冲之制造了一艘改进的船只，这艘船被称为"千里船"，它不用风力，一天能行很远。梁朝水军将领徐世谱于公元552年在跟侯漫作战时使用了"水轮船"（即桨轮船）。公元782～785年，杭州知府李皋改进了桨轮船。1168年，水军将领史正志制造成了一只排水量达200吨的战舰，由12组叶片组成的桨轮来驱动。公元12世纪我国已造出长120米、宽1.37米、桅杆高24米多的大轮船，船上的工作人员可达200人。在第一次鸦片战争期间，中国还使用了这种桨轮船。

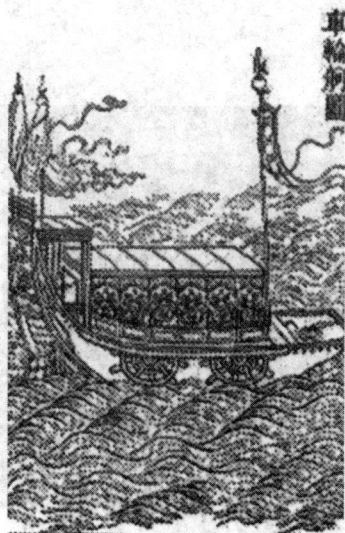

中国象棋的由来

中国象棋大约起源于战国时代，那时盛行着一种六博象棋，每方有棋子6枚。此即中国象棋的前身。《楚辞·招魂》"蓖蔽象棊（即棋）"几句是象棋出现的最早文字资料。象棋源于春秋战国时两军对垒的战阵（车战与步战），根据这种战阵军事人员和作战工具的构成创造了这种形象的战斗游戏。原来象棋有了"将、马、车、卒"4个兵种，唐代象棋有了一些变革，牛僧孺加"炮"，与现代棋子已同，但其着法是"车"直进无回。棋盘和国际象棋一样，由黑白相间的64个方格组成。

北宋末南宋初，中国象棋基本定型，还增加了士、象。象棋风行全国。宋代的《事林广记》中就记载着中国目前所能看到的最早象棋谱。

到了明代可能为了着棋和记忆的方便，才将一方的"将"改为"帅"和现代中国象棋一样了。

西装的由来

西装起源于欧洲。大约从 14 世纪起，欧洲沿海地区的一些殖民者为了适应工作的需要常常穿着一种敞开领扣的服装，它便是今天西装的雏形。由于西装能够显示出男性雄壮威武的气度，所以受到了男人们的喜爱。

到 18 世纪后，三件式的西装已经出现，并定型为欧洲男性普遍穿着的服装。这种西装造型考究，上衣的领子、袖子和肩部接口严丝合缝，贴切得体，与之配套的马夹和裤子则应与上衣风格统一，颜色一致。

熨斗的由来

公元 800 年代，中国人发明了熨斗，并开始使用它。那时中国人用木炭加热的熨斗熨丝质衣服，当时的熨斗像个长柄的小平底锅。1738 年英国的威尔金森取得了铁制熨斗的专利权，这熨斗是一个可熨亚麻布的铁铸盒子。1850 年代中期煤气加热熨斗面世，到了 1890 年这种熨斗被电熨斗所淘汰。纽约发明家亨利在 1882 年发明了第一个实用的电熨斗，它装有一个金属丝元件，当电流穿过时，金属丝会发热，与传统的电炉原理相同。

1926 年在纽约出现了第一个蒸汽熨斗，它产生的蒸汽喷流使正在熨烫的织料保持潮湿，该蒸汽熨斗是一家叫做"Eldec"的公司生产制造的。

Traditional Iron
傳統熨斗

Steam Iron
蒸氣熨斗

种痘免疫法的由来

中国人在公元 10 世纪发明了种痘免疫法。

这种方法最早是由在四川省峨眉山隐居的炼丹家发明的一种天花痘苗接种术。北宋丞相王旦的长子死于天花，为了防止其他人也传染上这种病，王旦从全国各地请来医生、巫医和术士，试图发现治疗方法。峨眉山来的一位道士带来了天花痘苗接种术，并在整个京城推广。公元 1741 年中国人张谈在他的《种痘新书》还描述了藏苗法。公元 17 世纪，这种医疗方法传到了土耳其。1718 年驻君士坦丁堡的英国大使马丽·沃特莱·蒙塔古让金接受了"轻型天花的预防接种"。到 1700 年，作为预防天花的措施，轻型天花接种开始广泛在欧洲采用，由中国传去的这种接种方法后来发展成为接种牛痘的免疫学。

足球的由来

足球运动是一项古老的体育活动，源远流长。据说，希腊人和罗马人在中世纪以前就已经从事一种足球游戏了。然而众多的资料表明，足球起源于中国，在古代称为"蹴鞠"。由于封建社会的局限，中国古代的蹴鞠活动最终没有发展成为以"公平竞争"为原则的现代足球运动。这个质的飞跃是在英国完成的。

从17世纪中后期开始，足球运动逐步从欧美传入世界各国，1863年10月26日成立了世界第一个足球协会——英格兰足球协会。会上除了宣布英格兰足协正式成立之外，还制定和通过了世界第一部较为完整的足球竞赛规则，并以文字形式记载下来。因而，人们公认这一天为现代足球的诞生日。

摩托车的由来

　　世界上第一辆摩托车是德国人戴姆勒在 1885 年发明的，它装有不完善的发动机和木制车轮，车速仅为 12 公里/小时。到了 1894 年，经改进的摩托车最高速度可以达到 245 公里/小时。

　　摩托车在上世纪 80 年代由日本大量生产，并主要销往亚非拉国家，因为这些国家经济水平低，地市面积大，所以摩托车是当地居民首选的主要交通工具。

迷你裙的由来

迷你裙诞生在上世纪 60 年代中期，它的出现引起了整个西方世界的轰动。迷你裙的诞生虽不及比基尼那么具有原子弹爆炸般的冲击，但也足以让当时的人们感到骇世惊俗。迷你裙的发明者是玛丽·奎恩特，伦敦的"时尚女王"。1965 年，从小混迹英国街头的玛丽·奎恩特勇敢地将裙子下摆剪到膝盖以上 4 英寸，使得裙子虽然遮住了核心部位，却让男人的想象力无限接近这个核心。此前人们只有在芭蕾舞舞台上或在红磨坊舞场，才可能看见裸露着大腿的女人。玛丽·奎恩特发明的迷你裙从英伦出发，很快风靡全球，魅力不散。

啤酒的由来

据英国曼彻斯特大学研究发现，公元前9000年亚述人就已经开始在收获的季节里将小麦堆在一起，历经日晒雨淋而导致发酵成了最早的啤酒。

北欧以前的传统是由女性酿造啤酒的，她们酿造出的酒被视为"不死之水"。这种习俗也流传到了德国北部，年轻女人出嫁时会带着不同的酿造器具嫁到夫家。这种传统直到公元8世纪葡萄酒文化的涌入才有所改变。由于德国气候严寒，啤酒不仅可以御寒，还跟洋葱一样被当成药物，用来医治坏血病，所以啤酒便成了德国的饮料之王。

比基尼的由来

　　比基尼在20世纪60年代的新一代革命浪潮中成为时尚，但它早于40年代已经发明。如内衣般分为上下两截的泳装，是由一位法籍设计师路易斯·里尔德设计的。1946年7月18日，他在巴黎推出了一款由三块布和四条带子组成的泳装。这种世界上遮掩身体面积最小的泳衣，通过胸罩护住乳房，背部除绳带外几乎全裸露，三角裤衩的胯部尽量上提，最大幅度地露出了臀腿胯部。它形式简便、小巧玲珑，仅用了不足30英寸布料，揉成一团可装入一个火柴盒中。该泳装选用的是印有报纸内容版块的面料，表明设计者暗示着他的大胆设计将会在世界报纸上占有大量版面。由于当时正好赶上原子弹在太平洋马绍尔群岛的比基尼岛上进行全球首次试爆，所以这件如核爆划时代的泳服也因此得名。

迷彩服的由来

迷彩服是一种利用颜色色块使士兵形体融于背景色的伪装性军服。

古代的军服往往选用比较醒目的颜色，可使军容鲜明，容易识别，而且使用红色的较多，可以掩盖血迹，以减少本方士兵因此而发生的恐慌。

最早使用伪装性颜色军服的是英国军队。1929 年，意大利研制出世界上最早的迷彩服，它有棕、黄、绿和黄褐四种颜色。1943 年，德国为部分士兵装备了三色迷彩军服。这种迷彩服遍布形状不规则的三色斑块，这些斑块可歪曲人体的线条轮廓，有些部分斑块颜色与背景色近似一体，部分斑块又与背景色差别明显，从视觉效果上分割了人体外形，从而达到伪装变形的效果。60 年代以后新研制的迷彩服还具有一定的防红外光侦察的伪装效果。

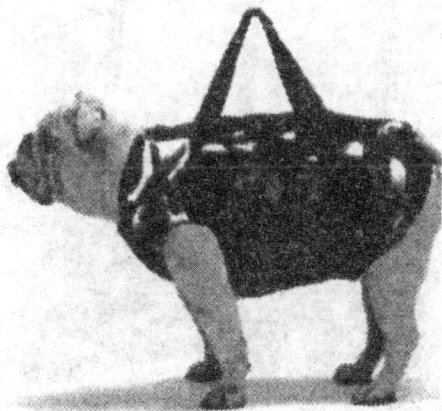

吉他的由来

吉他发源于 15 世纪或 16 世纪初的西班牙，据说是从中世纪依贝利亚半岛的弹拨乐器发展而来的，确立今日吉他比例规格形态的是西班牙人托列斯。吉他最初有四根弦，其中三根是双弦。18 世纪，六弦吉他出现了。吉他根据不同的结构和发声原理可以大致分为古典吉他、声学吉他（又称民谣吉他）、电吉他、低音吉他。吉他主要是用在民间音乐、乡村音乐以及舞蹈音乐等的伴奏中，但也有大量的独奏曲。室内乐和管弦乐中偶有使用。很长时间以来，吉他一直是欧洲、北美洲及南美洲各国人民最喜爱的乐器之一。

麻将的由来

麻将是中国人发明的一种娱乐工具，但其发明过程还有一段历史背景故事。

据说在郑和七下西洋长年的航海过程中，许多将士因海上生活单调枯燥和思乡之苦，精神委靡不振，甚至积郁成疾。郑和决定制作一种新的娱乐工具，既制作简便，又易学，最好能多人同时参与。郑和终于想到就地取材，利用船上现有的毛竹做成竹牌，刻上文字图案，再制定游戏规则，放在吃饭的方桌上供四人同时娱乐。在文字图案的确定上，为了迎合将士们的心理和航海的实际，郑和同样动了一番脑筋。比如，红"中"代表中原大地，迎合了将士们的思乡之情，由于当年航海使用的是帆船，所以将士们十分关心风向，故竹牌上又刻置了"东"、"南"、"西"、"北"风等等。

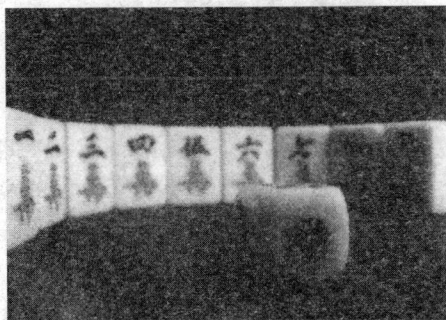

巧克力的由来

　　巧克力的创始人是墨西哥阿斯帝卡王朝的最后一任皇帝孟特儒。孟特儒当时每天都会喝一杯学名为"theobroma"（意为众神的饮料）的饮品。这种饮品是以辣椒、番椒、香草豆和其他香料为原料，经混合搅拌直至起有泡沫做成的一种药剂。后来的医学证明，该种药剂对胃液中的蛋白质分解酵素具有活化性的作用。1526 年，西班牙探险家柯斯特将此药剂带回祖国，并献给了国王。欧洲人很快开始喜欢上这种称之为"迷药"的药剂。1828 年荷兰人凡科特将此改良后使药剂的色香味臻于完美，这就是今天巧克力的雏形了。

蜡烛的由来

　　大约在公元前 3 世纪出现的用蜂蜜做的蜜蜡可能是今日蜡烛的雏形。1820 年，法国人强巴歇列发明了三根棉线编成的烛心，使烛心燃烧时自然松开，末端正好翘到火焰外侧，因而可以实现蜡烛完全燃烧。但蜡烛还有待进一步完善，原因是制作蜡烛的材料当时是动物油脂。解决这一难题的是舍末勒尔等人。他们用强碱把油脂皂化，再把得到的肥皂用盐酸分解，提取出硬脂酸。这是一种白色物质，手摸着有油腻感，用它制成的蜡烛质地很软，而且价格便宜。石蜡硬脂蜡烛的出现在人类照明史上开创了一个新时代。

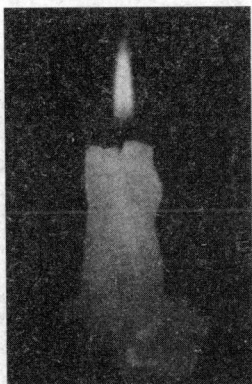

保险柜的由来

保险柜被认为发源于欧洲，当时的保险柜只是用铁环箍着的坚固厚木箱。留存至今历史最悠久的保险柜已约有 1000 年历史，它有 9 英尺长、2 英尺高、2 英尺深，由 2 英寸厚的木板制成。在中世纪的欧洲绘画作品中，也偶尔能看到一种盛放金银珠宝、有金属包边的木质橱柜，这是保险柜的雏形。直到 19 世纪初，随着社会财富的增长，保险柜有了现实的市场需求。18 世纪晚期，苏格兰和英格兰开始制造铸铁箱子和书柜，这是金属保险柜的发端，但基本沿用木器的榫接技术或整体铸造，锁具的精密程度很低。起初的保险柜都不具备防火功能，在 19 世纪早期，出现了防火保险柜，材质是浸泡过碱盐溶液的木头。

鞭炮的由来

喜庆节日放鞭炮这个习俗在我国已有 2000 多年的历史了。当时没有火药，没有纸张，人们便用火烧竹子，使之爆裂发声，以驱逐瘟神。到了唐朝，鞭炮又被人们称为"爆竿"，大概是将一支较长的竹竿逐节燃烧，连续发出爆破之声。后来有了火药的发明，有人将火药装在竹筒里燃放，声音更大，使得火烧竹子这一古老习俗发生了根本变化。北宋时，民间已经出现了用卷纸裹着火药的燃放物，还有单响和双响的区别，改名"爆仗"，后又改为"鞭炮"。

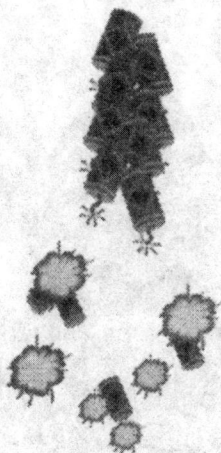

丝袜的由来

丝袜最早是由蚕丝制作，西班牙人首先发明。后来传遍欧洲。

直到 20 世纪 30 年代，尼龙出现后，爱美的女人们才享受到了丝袜带来的有弹性的贴身呵护。1950 年 5 月 5 日，第一批尼龙丝袜上市，七万多双丝袜在一天内被抢购一空。

上世纪 80 年代第二代丝袜以尼龙加上各种弹力丝以水平的方向织造，外观虽纤细但弹性不是很好。90 年代出现的第三代丝袜以尼龙加上优质弹力丝，以垂直和水平的方向交错织造，弹性更好更耐穿，手感更柔软。

印章的由来

　　印章在先秦时就已出现，一般只有几个字，表示姓名、官职或机构。印文均刻成反体，有阴文、阳文之别。在纸没有出现之前，公文或书信都写在简牍上，写好之后，用绳扎好，在结扎处放黏性黄泥封结，将印章盖在泥上，传递到目的地，封泥印没有损坏，表示信件没有被打开过，这被称为泥封。这是当时保密的一种手段。纸张出现之后，泥封演变为纸封，在几张公文纸的接缝处或公文纸袋的封口处盖印。据记载，在北齐时有人把用于公文纸盖印的印章作得很大，很像一块小小的雕刻版。

项链的由来

项链最早源于原始社会母系氏族向父系氏族转变时期的"抢婚"风俗。当时，男子在经济上的地位逐渐提高，在从夫居制度的形成过程中，男子往往掠夺其他部落妇女或在战争中俘获的女子作为自己的妻子。为了防止这些妇女趁战乱或夜间逃走，胜利者往往用一根形似今日项链的金属链或绳子套住女性的脖子。在从夫居制度确立之后，有些地方还保留了这种习俗，把"抢"仍作为婚礼的一种形式，那些套在脖子上的金属丝或绳子，便演变成为今天的项链。

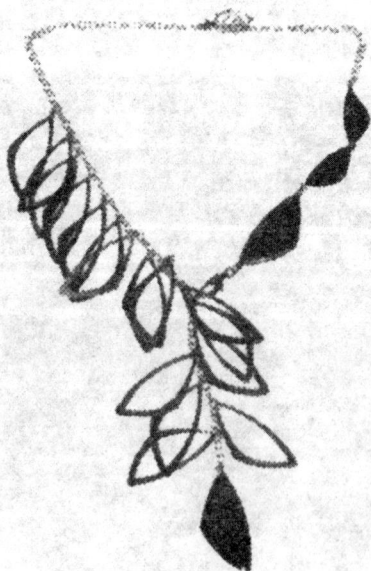

信封的由来

公元前 3000 年，幼发拉底河和底格里斯河两岸的亚述人和尼罗河边的埃及人，把泥版信装在泥制的外套内，这是世界上最早的信封。19 世纪的欧洲，当时的信件是没有信封的，在信上贴上邮票就可寄出。一个书店老板布鲁尔发现，有的女士因害怕写给情人的信被外人窃知而不写信了，这由此激发了布鲁尔的灵感。他按店里的信纸大小，设计了一种信封，这样既方便信的投寄又可把信的内容保密。1820 年，这种信封开始定量生产。开始邮局对信封尺寸没有严格要求，收寄的信件大小不等给邮局分拣信件带来很大不便。1979 年 10 月 26 日在里约热内卢举行的第 18 次万国邮政联盟代表大会上通过了修正后的万国邮政公约，其中有一条就是有关统一信函的标准问题。从此，信封的标准化正式走上了统一、规范的道路。

滑雪运动的由来

滑雪起源于寒冷多雪地带。当地人为适应环境及求生避险，发明了雪上交通工具——滑雪板、雪橇及滑雪鞋等。"ski"一词始于古挪威语 skith，为"雪鞋"之意，指形如窄木舟的滑雪板。13 世纪，滑雪成为挪威的国技。1780 年，挪威人努尔哈木利用软条制成两侧内弯的滑雪板，形成了现代竞技滑雪板的雏形。1877 年，奥斯陆成立了世界上第一个滑雪俱乐部。我国东北的鄂伦春人、赫哲人，西北的哈萨克人均擅长滑雪，凭滑雪技术狩猎、运输。

毛笔的由来

相传蒙恬驻军边疆，经常要向秦始皇奏报军情，而当时文字书写是用刀镌刻的。由于边情瞬息多变，文书往来频繁，用刀契刻字速度太慢，不能适应战时需要。蒙恬急中生智，随手撕下一撮红缨，绑在竹竿上，蘸着颜色，在白色的丝绫上书写，由此促成了毛笔的发明。此后，国人又因地制宜不断将之改良，根据北方狼、羊较多之便，利用狼毛和羊毛做笔头，制成了早期的狼毫和羊毫笔。

但现代考古发现，在战国时期的木椁墓陪葬品中有一支毛笔，是用上好的兔箭毛制成的，这可以说是我国存世最古的毛笔。由此可以证明，早在蒙恬之前，毛笔已经存在。

弹簧的由来

弹簧很早之前就有应用了，古代的弓和弩就是两种广义上的弹簧。

严格意义上的弹簧发明家应该是英国的科学家虎克，虽然那时螺旋压缩弹簧已经出现并广泛使用，但虎克提出了"虎克定律"——弹簧的伸长量与所受的力的大小成正比。正是根据这一原理，1776年使用螺旋压缩弹簧的弹簧秤问世。不久，专供钟表使用的弹簧也被虎克本人发明出来。

锯子的由来

我国古代的著名工匠鲁班在土木工程方面有许多创造发明。有一次，鲁班上山伐木被野草划破了手。他摘下草叶轻轻一摸，发现叶子边缘有许多锋利的小齿。于是鲁班就在铁片上做出小齿，经过反复试验和改进，终于发明了当时急需的木工用锯子。

在我国青海柳湾出土的文物中，有一把小小的骨锯。这把骨锯距今已有近4000年的历史，远远早于鲁班所生活的春秋时代。在出土的骨器中还有骨勺、骨叉、骨刀，如果能够证明这些器物是用于饮食的器具，那么中国人将是最早使用刀叉吃饭的。

咖啡机的由来

20 世纪初，一位意大利"急性子工程师"贝兹，因为对滴漏煮咖啡的时间过长感到不耐烦，于是发明了一个以高温、高压的方式煮咖啡的机器。贝兹将机器起名为"Espresso"。在将近 100 年的咖啡机器演进史中，工程师们不断改良机器的性能，使得全世界的人喝咖啡变得越来越容易。

冷饮的由来

盛夏暑热难禁时，屋子里放几块冰，口里含一块冰砖，该多么惬意啊！每当这时，人们往往会发生一个错觉，以为这是在现代才办得到的。其实远在三四千年前，我们的祖先已经能做到这一点了。《诗经·七月》说："二之日凿冰冲冲，三之日纳于凌阴。"这句话翻译一下就是"腊月里凿冰冲冲响，正月里来往冰窖里藏"。二之日、三之日指周历的二月、三月，相当于夏历的十二月和一月，此时正是三九寒天，人们在结了厚冰的河水里，凿下大冰块来，贮藏于冰窖里，到了夏天再拿出来用。历代皇宫中都在夏天放置冰块消暑，还吃冰块。据清代《帝京岁时纪胜》和《燕京岁时记》记载，每年腊月，御河起冰，就开始贮藏，冰窖多建在护城河边，便于夏天运出。冬至三九冰冻得正坚实，于夜间凿之，声音好像打石之声，北京人称为打冰。三九以后，阳气已生、冰虽坚也不能用了。每年夏天，自暑伏日起到立秋日止，各衙门按例将冰赐于文武大臣，按官阶高低分赐，多寡不等。赐冰给文武大臣，始于明朝。藏冰需要大冰窖，一般老百姓是建不起的。所以在古代能在夏天吃到冰、用冰降温的，恐怕也只有王公贵族富豪阶级才办得到。

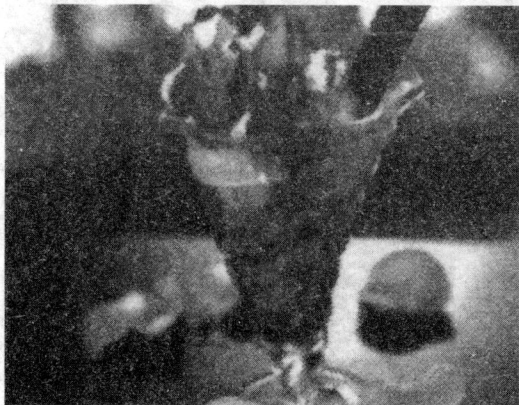

　　又据《周礼·天官》载有所谓"六清"的饮料，其中除了普通的水和各种酒之外，还有醋水、梅浆和用粥调配的"酏"。周代有一种铜鉴，既用作水缸，同时也作冰箱，冰镇各种饮料。唐杜甫诗云："青青高槐叶，采掇付中厨，经齿冷于雪，劝人投比珠"，描写的就是有名的"槐叶冷淘"。宋代则有"甘菊冷淘"，都是用米、面等先做成稀薄粥汤，再加入作为香料的槐、菊，用清凉井水降温而成。至于现在还广泛流行的酸梅汤、绿豆粥、莲子羹，历史也都很悠久。

龙舟的由来

赛龙舟是中国民间传统的水上体育娱乐项目，已流传两千多年，多是在喜庆节日举行。史书记载，赛龙舟是为了纪念爱国诗人屈原而兴起的。由此可见，赛龙舟不仅是一种体育娱乐活动，更体现出人们心中的爱国主义和集体主义精神。龙舟通常以色彩区分，有赤龙、青龙、黄龙、白龙、黑龙等。船身、船上的罗伞旌旗等装饰，以及划手们的服装乃至船桨，都要求一色。不同地区的龙舟因地域而不同，在尺寸长度上有所差异。

打印机的由来

世界上第一台针式打印机是由 centronics 公司推出的，可由于当时技术上的不完善，没有推广进入市场，所以几乎没有人记住它。一直到了 1968 年 9 月由日本精工株式会社推出的 EP - 101 针式打印机，才是被人们誉为第一款商品化的针式打印机。

世界上第一台喷墨打印机诞生于 1984 年的 HP 公司。

1992 年联想集团与激光打印机的发明者——美国 XEROX 公司合作，研制出第一代中文激光打印机。

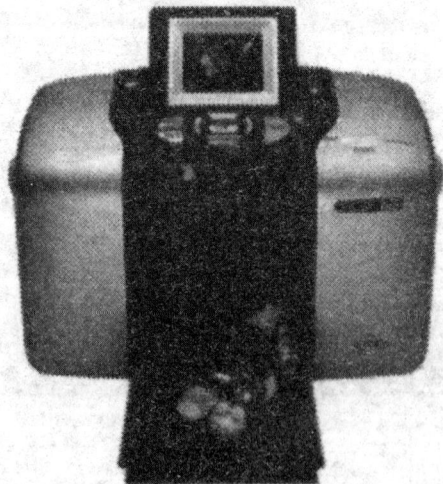

瑜伽的由来

　　瑜伽的起源最早可以追溯到印度河文明时期，是印度悠久智慧的结晶。5000年来，它一直是体现印度文化的一个重要组成部分，历经时代变迁，在各阶层流传。在7世纪开始传入我国西藏，19世纪以来陆续输入世界各地。

　　"瑜伽"在梵语中意义为"结合"。"瑜伽"的意义是努力通过发展个体存在的潜在能力实现自我完美的一种方法论。今天的瑜伽不再局限于苦行，而是演变为一门使人们在体质、精神、道德和心灵方面都得到锻炼的生活艺术。

霓虹灯的由来

据说，霓虹灯是英国化学家拉姆赛在一次实验中偶然发现的。1898 年 6 月的一天，拉姆赛和助手把一种稀有气体注射在真空玻璃管里，再将两个金属电极连接在高压电源上，检查这种稀有气体是否导电。

突然，一个意外的现象发生了：注入真空管的稀有气体不但开始导电，还发出了美丽的红光，这让他们惊喜不已。拉姆赛把这种能够导电并且发出红色光的稀有气体命名为氖气。后来，他继续对其他一些气体导电和发出有色光的特性进行实验，相继发现了氩气能发出白色光，氢气能发出蓝色光，氦气能发出黄色光，氪气能发出深蓝色光……

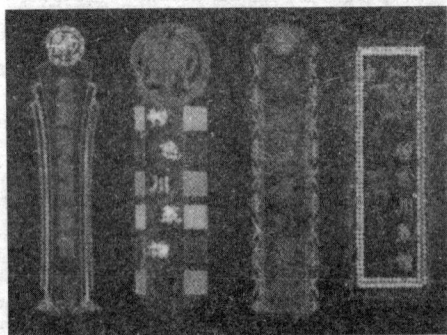

热气球的由来

　　蒙哥费尔兄弟是热气球的发明人。约瑟夫·蒙哥费尔兄弟是法国里昂地区的造纸工人。当他们看到碎纸片在篝火里飞舞时，不约而同地产生了利用热空气制造飞行物的念头。1783年6月5日，蒙哥费尔兄弟的首次热气球公演获得巨大成功。热气球靠在底部补充或排放热空气来控制气球飞行的高度，靠人力驱动螺旋桨来推进。虽然在大风天不能出行，但在当时确实是一种相当令人满意的空中交通工具。也正是基于这种想法，诞生了后来空中称霸一时的飞艇。

飞艇的由来

　　最早的飞艇是法国工程师吉法尔首先制造成功的。虽然飞艇能够升到空中，但由于原始的蒸汽机还相当不完善，飞艇的动力性能令人失望。

　　1884 年，两名军事工程师勒纳尔和克雷布斯利用电动机做动力，成功设计了世界上最早的实用软式飞艇——"法兰西"号。飞艇作为载人飞行器从此登上历史舞台。19 世纪 80 年代后期，人们开始使用汽油发动机来作实验飞艇的动力。1900 年，德国人齐柏林制造出了第一艘硬式飞艇"LZ - 1"号，飞艇不但面貌一新，而且动力性能也得到前所未有的提高。齐柏林飞艇以软式飞艇无法比拟的安全性、可靠性以及载重量，正式成为空中的主要交通工具。齐柏林也被称为"飞艇之父"。

数字的由来

古代印度人把一些横线刻在石板上表示数，一横表示 1，二横表示 2……此外还发明了包括"零"在内的十个数字符号。十个数字符号后来由阿拉伯人传入欧洲，被欧洲人误称为阿拉伯数字。随着历史的发展，阿拉伯数字逐渐在各国流行起来，成为世界各国通用的数字。

安全气囊的由来

　　1953年8月18日，美国人约翰，赫特里特获得了"汽车缓冲安全装置"的专利权。赫特里特是一位自学成才的宾夕法尼亚州工程师。1952年，他和他的家人遭遇了一次交通事故。在这次事故中，他为躲避一个障碍物而猛打方向盘进行制动，他和妻子都用手臂本能地保护坐在前座中间位置上的女儿。这次事故后他意识到必须有一个更好的方法来保护乘员。两周之后他绘好了设计图纸交给了代理人，这份图纸确定了今天安全气囊的雏形。不久，德国奔驰公司率先使用了该设计方案。

香槟的由来

香槟来自法文"CHAMPAGNE"，意为香槟省。香槟省位于法国北部，气候寒冷、土壤干硬、阳光充足，是种植葡萄的最佳环境。

香槟是1660年香槟省的贝内迪克廷修道院的修道士唐·贝力农发明的，它是一种采用二次发酵法酿造的气泡葡萄酒。香槟酒的得名源于此。贝力农用一生的精力研究改善汽酒酒质，被公认为酿制香槟大师。

由于原产地命名的原因，只有香槟产区生产的气泡葡萄酒才能称"香槟酒"，其他地区产的此类葡萄酒只能叫"气泡葡萄酒"。

葡萄酒开瓶器的由来

　　葡萄酒开瓶器的诞生肯定是源于葡萄酒采用玻璃瓶加软木塞这种包装形式。玻璃瓶加软木塞这种包装形式给了葡萄酒良好的保存和缓慢成熟的环境，但是打开软木塞确实是需要费一番周折。

　　葡萄酒开瓶器种类多样。我们如今常用的一种开瓶器是蝶形开瓶器，使用很简单，将螺丝锥旋入木塞，扳动两侧把手就可以把瓶塞打开。安全系数也非常高，几乎不会有将瓶塞开断的事情发生。它的唯一缺点就是多数情况下会把木塞钻透。

圣诞树的由来

　　据说有一位农民在一个风雪交加的圣诞夜里接待了一个饥寒交迫的小孩，让他吃了一顿丰盛的圣诞晚餐，这个孩子告别时折了一根杉树枝插在地上并祝福说："年年此日，礼物满枝，留此美丽的杉枝，报答你的好意。"小孩走后，农民发现那树枝竟变成了一棵小树，他才明白自己接待的原来是一位上帝的使者。这个故事就成为圣诞树的来源。在西方，不论是否是基督徒，过圣诞节时都要准备一棵圣诞树，以增加节日的欢乐气氛。圣诞树一般是用杉柏之类的常绿树做成，象征生命长存。树上装饰着各种灯烛、彩花、玩具、星星，人们围着圣诞树唱歌跳舞，尽情欢乐。

国旗的由来

　　1949 年 7 月，32 岁的曾联松在上海设计出最初国旗图案，但在最初评选时却未受到重视。当评选小组计划将筛选后的几十幅图案汇编成《国旗图案参考资料》供大家再一次讨论时，田汉找出了曾联松的五颗星图案编入《国旗图案参考资料》送到了毛主席和代表们的手里。田汉建议将五颗星图案中大星里的镰刀和斧头的图案拿掉，得到了毛主席的认可。1949 年 9 月 27 日，政协第一次全体会议一致通过了五星红旗为中华人民共和国的国旗。

领带的由来

关于领带的起源，有两个不同的传说。

一个传说领带是英国妇女发明的，领带经历了漫长而有趣的发展过程。

工业革命前，英国也是个落后的国家。成年男子吃肉通常是用手捧到嘴边去啃，酒足饭饱之后男子们又会用袖口去擦拭油腻的胡须和嘴角。为了对付男人这种不爱干净的行为，妇女们便在男人的衣领下挂了一块布，专供他们擦嘴。久而久之，衣领下面的这块布，就成了英国男式上衣传统的附属物。工业革命后，英国发展成为一个发达的资本主义国家，人们对衣食住行都很讲究，挂在衣领下的擦嘴布便演化成了今天的领带。

还有一个传说领带起源于法国。

1668 年，法国国王路易十四在巴黎检阅克罗地亚雇佣军。当时约有 1000 名的克罗地亚轻骑兵负责担任国王的戒护警备工作，这一行人总是把亚麻或薄纱织布所裁制的围巾缠绕在脖子上，气宇轩昂地出现在巴黎街头。对流行

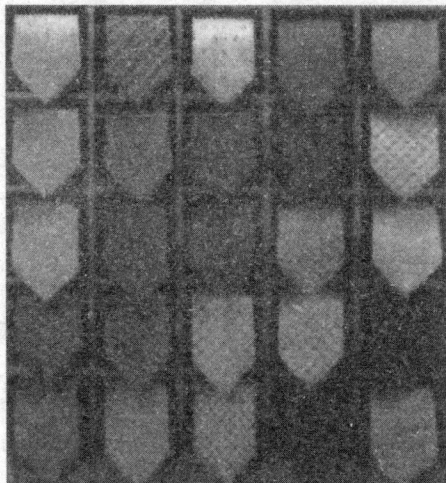

相当敏感的国王路易十四，非常喜欢这种装扮，于是下令王室的裁缝师准备最高级的麻布与蕾丝围巾，把围巾系在脖子中央，并让它垂挂在胸前。为了推广这项装扮，路易十四不但在宫廷内多方奖励，还聘用了围巾结饰的指导人员，并在骑兵制服中加入白色围巾作为装饰。从此以后，王室周边的人都开始竞相在脖子上系上这种围巾。也许这种围巾就是今天领带的雏形。

鸡尾酒的由来

　　关于鸡尾酒的由来有着不同的说法。一种传说是，美国独立战争时，纽约州一个名叫贝特西·弗拉纳根的小酒店女招待接待军官们喝酒，她发现各种酒都不多了。她急中生智，把剩下的各种酒倒在一起，并拔了一根鸡尾毛来搅拌。军官们喝后连声叫好，问这是什么酒，她顺口答道："鸡尾酒"。从此这种酒就在世界上流行开了。还有一种传说是，18世纪一家美国农村旅馆老板的女儿，因遗失一只心爱的公鸡而得了重病。老板焦急万分，向村民宣布'若有人找到公鸡，便可与他女儿成婚'。后来，一个小伙子找到了那只公鸡。当结婚那天，老板的女儿把珍藏的各种好酒混在一起，请大家畅饮。从此人们便将几种混合在一起的酒称为鸡尾酒。

卷尺的由来

　　世界第一个卷尺的发明者是明代著名数学家、珠算家和发明家程大位于1578年左右发明的，他当时把它称作"丈量步车"，程大位因此被誉为"卷尺之父"。"丈量步车"较之当今的钢卷尺、皮卷尺显得庞大许多，但从其原理、构造、用途和用法来看，它就是卷尺的雏形。它由木制的外套、十字架、竹制的篾尺、铁制的转心、钻脚和环等部件组成。篾尺收放均从外套的匾眼中进出，钻脚便于准确插入田地测量点，环便于提携。在此之前，"古者量田较阔长，全凭绳尺以牵量"，不但劳动强度大，而且差错率太高。程大位的可贵之处就在于采用扁平的"篾尺"取代"绳子"的灵感。这个革命性成果直到现在的卷尺都在恪守享用。

人行横道线的由来

在古罗马时代，意大利庞培市的一些街道上，人、马、车混行，交通经常堵塞。为了解决这个问题，人们把人行道加高，使人与马车分离。然后，又在接近马路口的地方，横砌起一块块凸出路面的石头——跳石，作为指示行人过街的标志，行人可以踩着跳石穿过马路。到了 19 世纪，汽车代替马车，速度及危险性都超过了马车，跳石已不适应需要。经过多次试验，19 世纪 50 年代初在英国伦敦的街道上，首先出现了如今这种横格状的人行横道线。由于它洁白、醒目，像斑马身上的白斑，因而又称为斑马线。

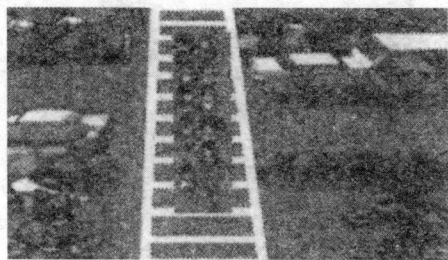

染发剂的由来

自从 1907 年法国化学家欧仁·舒莱尔发明了全世界第一支人工染发膏后，改变头发颜色就成了全球时尚。据统计，目前全球每年的染发剂零售额高达 70 亿美元。

自古以来，人们就用各种植物、药液来改变发色，但无论古罗马的铜屑染色剂，文艺复兴时期的硼砂和硝石脱色剂，还是 15 世纪的藏红花、硫黄、明矾、蜂蜜混合配方，绝大多数都对人体有害。1562 年，意大利的马里纳洛博士就曾撰文指出，染发会使"头皮受到严重损伤，发根被破坏，头发脱落"。现代染发剂在采用各种颜料的基础上，利用对苯二胺上色。但这种物质仍存在两大风险，过敏和致癌。

针灸的由来

　　针灸是中国医学的重要组成内容。古代关于针灸起源的说法，往往与"伏羲氏"、"黄帝"相联系。说明针灸学的起源已经很早了。

　　针灸疗法在春秋战国时已经比较普遍。这一时期，出现了一些名医，最著名的是扁鹊。有许多古代文物记录了针灸医术的发展进程。针灸学的发展必然导致针灸工具的改进。在金属针出现以前，针灸是用石或骨做的。目前见到的最早古代针灸用的金属针，是1968年河北满城西汉刘胜墓出土的9根金银针。针灸工具的改进还表现在针型增多和定型上。《黄帝内经》多次提到"九针"，并对其形制和主要用途有详细说明。

　　针灸学发展到汉晋，逐渐完备。开始用图形表示针灸穴位。一些总结性的针灸著作也出现。其中西晋人皇甫谧撰写的《甲乙经》是一部重要的也是我国目前保存最早的针灸著作。该书对针灸治疗及穴位都记载详细而有条理。

　　唐代开始太医院中设针灸科，有针博士、针助教进行针灸教学。宋代是针灸学大发展时期，不断发现新的穴位。1026年，翰林医官院医官王唯一科

学地总结了古代针灸学成就，整理成《新铸铜人腧穴针灸图经》一书，并铸造了两个人体铜模型，全身有穴孔。按针灸学的传统观点，《黄帝内经》不载的穴位叫"奇穴"，《图经》不载的穴位叫"别穴"，合称"往外奇穴"。铜人穴位是当时的范本，铜人则被用来指导医官院针灸科学生学习和考试。明代铜人有 666 个针灸点。

随着针灸学的发展，元、明、清三代都整理和编纂了一些针灸学专著。这无疑对针灸学的总结和发展起重要作用，但推动针灸发展的主要是针灸医疗实践活动。

缝纫机的由来

关于缝纫机的发明，众说纷纭。据考证，第一台缝纫机是美国人伊莱亚斯·豪（1819—1867）发明的。伊莱亚斯·豪生长在马萨诸塞州的斯宾塞，并在当地一家纺织厂由学徒工成长为一名能干的机械师。由于兴趣所致，他潜心于缝纫机的研究，到1845年4月，终于创造出一台实用的缝纫机。公开演示证明，他的发明要比敏捷的缝纫工操作效率高出5倍。伊莱亚斯·豪因自己发明的机械在美国的市场化难以成功，便于1846年去了英国，并将机器的专利权卖给一位生产妇女束胸、鞋和雨伞的大制造商威廉·托马斯。

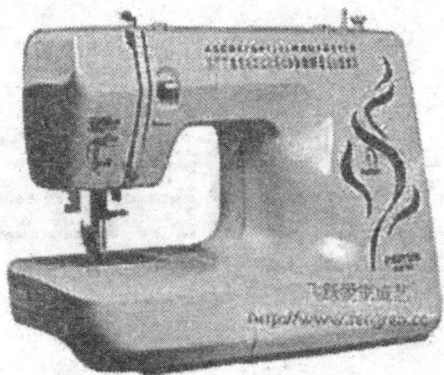

电话卡的由来

　　在距贝尔发明电话整 100 年之际，意大利的 URMET 公司发明了电话储值卡。但最早向公众推出电话卡的是意大利的 SIDA 公司，1976 年 6 月该公司发行了世界上第一张电话卡，1988 年这种电话卡在意大利停止使用，现在只能在意大利政府大楼里见到其踪影。电话卡的出现大大改变了公用电话事业的面貌。世界各国电信公司都意识到这种新技术具有不可估量的商业潜力，纷纷组织研究力量，千方百计开发这项新技术。目前已有 200 个国家和地区使用各式各样的电话卡用于通信领域。

智能闹钟的由来

2005 年 4 月，美国一名大学毕业生发明了一种智能闹钟，能在人睡意最浅的时候响铃。闹钟发明者是埃里克·沙舒瓦。智能闹钟能通过无线方式接收到脑电波信息，主人可设定最迟起床时间，闹钟会根据脑电波信息，选择在此之前最近的一个睡眠最浅时刻叫醒主人。不过，这种闹钟也有"缺点"，使用者在睡觉时，头部必须安放一个带有电极的装置和一个微处理器，这样闹钟才能分析睡眠周期中每一个阶段的脑电波。

拖拉机的由来

　　19世纪30年代已有人开始研究用蒸汽车辆牵引农机具进行田间作业。但当时所能造出的蒸汽机牵引车辆犹如一个火车头，即使不陷在田里，也会把土压得很实，根本无法耕种。1851年，英国的法拉斯和史密斯首次用蒸汽机实现了农田机械耕作。随着蒸汽机制造技术的进步，出现了小型化的蒸汽发动机，把它安装在车辆底盘上驱动车轮行驶，能够实现小型车从地头开进田地里直接牵引农机具，这才诞生了拖拉机。1889年，美国芝加哥的查达发动机公司制造出了世界上第一台使用汽油内燃机农用拖拉机——"巴加"号拖拉机，它的出现为拖拉机的推广应用打下了基础。

雷达的由来

　　雷达的发明可以追溯到 19 世纪。1887 年，德国科学家赫兹在证实电磁波的存在时，就已发现电磁波在传播的过程中遇到金属物会被反射回来，这实质上就是雷达的工作原理。1922 年，美国科学家根据他的设想，在海上航道两侧安装了电磁波发射机和接收机，当有船只经过时，电波马上就可获知船只的通行状况。

　　1935 年，英国著名的物理学家沃特森·瓦特在此基础上发明了一种既能发射无线电波，又能接收反射射波的装置，它能在很远的距离就探测到飞机的行动。这是世界上第一台雷达。

航空母舰的由来

1909 年，法国著名发明家克雷曼·阿德第一次向世界描述了飞机与军舰结合这个迷人的梦想，并第一次使用了"航空母舰"这一概念。

1912 年，英国海军对一艘老巡洋舰"竞技神"号（后来改名为"柏伽索斯"号）进行了大规模改装。工程技术人员拆除了军舰上的一些火炮和设备，在舰首铺设了一个平台用于停放水上飞机，就这样，"竞技神"号成了世界上第一艘水上飞机母舰。然而，它却并不是现代意义上航母的雏形，因为舰上所载的飞机并不能够在舰上直接起降。

1916 年，英国的航母设计师提出了研制可在军舰上起降飞机的航母的问题，并建议把陆基飞机直接用到航母上去，由此导致了世界上第一艘全通甲板的航母——"百眼巨人"号的诞生。

声纳的由来

　　潜艇的发明给科学家出了一道难题。它藏在海水深处神出鬼没，雷达对它也无能为力。因为雷达发射的电磁波很快就会被海水吸收，无法用它来探测水下的潜艇。在这种情况下，法国物理学家朗之万于 1971 年发明了"声纳"。

　　声纳是英语缩写的音译，其原意是"声导航和定位"。一台现代化的声纳包括复杂的电子装置和计算机系统。声纳的"心脏"就是一片片薄薄的压电晶体或压电陶瓷换能器。声纳是海洋中的"千里眼"和"顺风耳"。有了它不仅可探测远处的轮船、潜艇，而且还可用来探测海洋中的鱼群、沉船、冰山及水下资源。

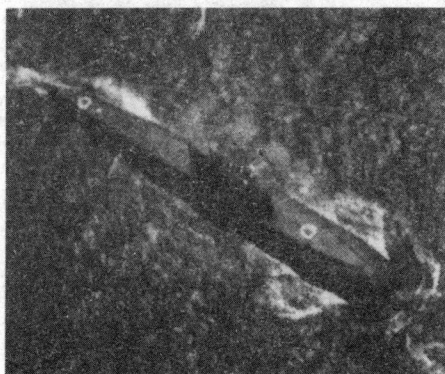

一次性纸杯的由来

休·摩尔出生于美国堪萨斯州，1907 年他在进入哈佛大学之前，还是一个与发明创造没有任何关系的普通学生。刚进大学时，比他大一岁的哥哥劳伦斯发明了纯净水自动售卖机，但纯净水自动售卖机中使用的陶瓷杯易碎是个很大的问题。体·摩尔由此展开了一连串的冥思苦想："如果说陶瓷杯的缺点是易碎，那么使用不碎的杯子不就可以解决问题了吗？不会碎的东西有什么呢？纸做成杯子又轻，又摔不碎，但会被浸湿，只要解决这个问题，找到不易被水浸湿的纸，就可以做不会碎的杯子。"休·摩尔最终发明出了方便、安全的纸杯。

钢琴的由来

　　大约在 14 世纪，欧洲出现了一种在多弦乐器上加键而成的击弦古钢琴——克拉维卡琴。这种古钢琴发音轻柔微弱，适于演奏温馨抒情的曲调，特别适合家庭演奏室内乐，曾盛行一时。还有一种羽管键琴叫庆巴罗古钢琴，这种古钢琴装有一套拨弦机械，演奏时机械上的羽毛管会拨弦发音。这种古钢琴音色清晰明亮，在教堂、宫廷音乐中曾广泛应用。克里斯托佛利曾是一名出色的羽管键琴制作家。他于 1709 年制成世界上第一架钢琴，称其为"piano——forte"，意即"弱——强"琴，表明这种乐器可以弱奏，也可以大力度演奏，音量的强弱变化很大。这一优点是庆巴罗和克拉维卡两种古钢琴所不具备的。

可口可乐的由来

　　可口可乐是由美国佐治亚州亚特兰大药剂师约翰·彭伯顿于 1885 年发明的。当时他想调配出一种能消除疲劳且有镇静作用和减轻头痛的饮料。他在放入一些糖浆和水后,不小心添加了含有二氧化碳的苏打水,糖浆立即冒起了气泡。冒出的气泡激出了彭伯顿合伙人罗宾逊的灵感,索性就以饮料来销售这种药剂。因为药剂里面含有古柯叶和可乐果的成分,他们把药剂取名为可口可乐。今天,可口可乐公司是全球最大的饮料生产及销售商,拥有全世界最畅销五种饮料中的四种:可口可乐、健怡可口可乐、雪碧和芬达,公司旗下的产品超过 100 种。

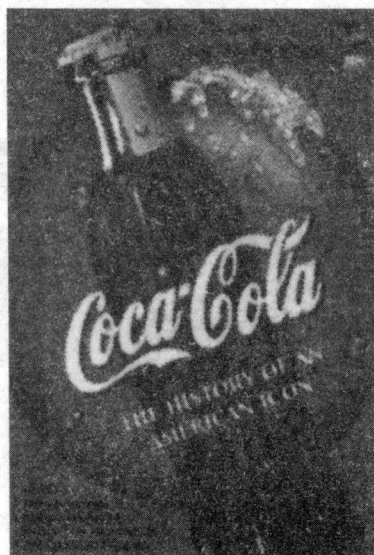

扫描技术的由来

1884 年，德国工程师尼普科夫利用硒光电池发明了一种机械扫描装置，这种装置在后来的早期电视系统中得到了应用，1939 年这种机械扫描系统被淘汰。虽然这跟后来 100 多年后利用计算机来操作的扫描仪没有必然的联系，但从历史的角度来说这算是人类历史上最早使用的扫描技术。

电风扇的由来

电风扇的主要部件是交流电动机，其工作原理是：通电线圈在磁场中受力而转动。能量的转化形式是电能主要转化为机械能，同时由于线圈有电阻，所以不可避免的有一部分电能要转化为内能。据说，1882年，美国纽约的克罗卡日卡齐斯发动机厂的主任技师休伊·斯卡茨·霍伊拉，最早发明了商品化的电风扇。第二年，该厂开始批量生产，当时的电扇，是只有两片扇叶的台式电风扇。

1908年，美国的埃克发动机及电气公司，研制成功世界上最早的齿轮驱动左右摇头的电风扇。这种电风扇防止了不必要的三百六十度转头送风，而成为以后销售的主流。

复印机的由来

复印机的发明者是美国的查切斯特·卡尔森。

卡尔森在纽约一家电子公司的专利部门工作，他对每天复制大量的文件和图表感到十分的厌烦。他总是在想：如果有一架机器，只要把原文本塞进去，一按电钮就可得到一模一样的复本，那该有多好呀！通过理论探索，他终于掌握了静电学，并开始进行一系列实验。1938 年 10 月 22 日，他用墨水在一块玻璃板上书写了几个字，又用一块布手帕在涂硫金属板上拭擦，使金属板带上电荷，然后他隔着写有字的玻璃板，在泛光灯下将这块金属板曝光 3 秒钟，接着他又把一张蜡纸平压在涂硫的金属板上，结果纸上也出现了相同的字，这就是世界上最早的静电复印。1950 年，静电复印机开始在市场上出售。

盲文的由来

盲文是专为盲人设计，靠触觉感知的文字。1824 年，刚满 15 岁的法国盲人路易·布莱尔从人的体形受到启发，利用 6 个凸点和凸点旁的空白进行不同方式的排列，形成了一套有规律可循的法语字母方案。

1829 年，布莱尔在原方案基础上又加入数学符号和音乐符号，使盲文体系更加完整。

现代世界各国分别建立了本国文字的盲字体系，而且出现了可以国际通用的盲字科学符号，从而使盲人能够更全面地掌握现代科学文化知识，像健全人一样钻研高深的科学文化知识。

糖精的由来

1879 年的一天，俄国化学家法利德别尔格在和妻子共进晚餐时发现牛排和色拉都是甜的。重重的甜味让这位化学家充满了好奇。法利德别尔格将刚用过的器皿带回了实验室，经过研究他终于发现甜味来自一种叫邻磺酰苯酰亚胺钠的化学物质。后来他再继续研究，终于从多种原料中提纯出一种特别甜的白色结晶体，这就是糖精。

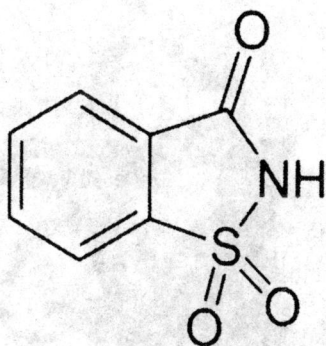

防毒面具的由来

　　1915 年 4 月 22 日，德军在伊普雷战役中使用了 180 吨的液态氯气攻击敌方阵地，使英法联军的 5000 多人丧命。战场区域里的大量动物也因中毒而死亡。而野猪却安然无恙。俄国著名文学家泽林斯基被派往前线开展调查。他发现，德军在施放毒气的时候，他们的士兵趴在地上，把脸贴在松软的泥土上。而野猪也拱地躲避刺激。泽林斯基认为泥土起了净化器的作用。

　　经过无数次的试验，泽林斯基发现木炭也能吸收毒气。在对木炭进行处理后，他制成了一种吸毒能力很强的"活性炭"。他把活性炭装在一个罐子里，做成鼻子的形状，让士兵戴上能有效地抵御毒气的侵袭。这就是世界上最早出现的防毒面具。

烟花的由来

关于烟花爆竹的发明，中国民间流传更广的是"爆竹祖师"李畋的神奇传说。相传在 1400 年前，南川河两岸时常听说有人被山魈所害，连唐太宗李世民都被惊扰得龙体不安，遂下诏全国求医。出生于湖南浏阳南乡大瑶的李畋费尽苦心研制出爆竹，想用爆竹来驱祟避邪，保护一方平安，更为太宗驱镇邪魅。李畋因此被唐太宗敕封为"爆竹祖师"。

在北宋宣和年间，以火药为原料的真正烟花发展成熟。明清时代，爆竹烟花已经很盛行，每逢婚丧喜庆或逢年过节，人们都要燃放爆竹烟花来祭神祭祖，表示庆贺，求神灵祖先保佑全家顺利，万事如意。中国花炮从燃放效果来看，分成礼花、字幕、盆花、瀑布、火箭、喷花。

心电图的由来

19 世纪末，科学家先后在动物和人体内发现心脏搏动时伴有微弱的电流产生。

这种生物电流虽然极其微弱，一般在毫伏级，但它的变化非常快，一般的电流计很难测出这种变化。1891 年荷兰医学家威廉·艾因特霍芬成功地研制出了弦线电流计。他在两极强磁场之间，垂直放一根极细的石英丝，当石英丝的两端分别与需测量的组织相接时，如有电流通过弦线，弦线就会在磁场中发生偏转，其偏转程度与通过弦线的电流强度成正比，通过这一装置可以准确地记录组织中微弱电流的情况。在此基础上，艾因特霍芬又经过不懈的努力，于 1903 年发明了弦线型心电图描计器。他也因此获得了 1924 年诺贝尔生理学及医学奖。

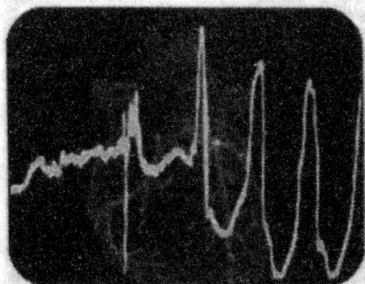

脑电图的由来

英国医生理查德·卡顿在 1875 年首先在动物身上观察到了脑电波。由于受到威廉·艾因特霍芬发明心电图获得成功的鼓舞，德国医学家汉斯·贝格尔决定用弦线电流计来测定大脑的电活动。贝格尔先将狗的大脑表面暴露，测定狗大脑外部的电流。后借为病人作切除头盖骨手术机会，用针状电极插入头皮下进行实验，最后对正常人和脑病人的完整头盖能进行实验，并取得了成功。他把记录人脑电图的方法命名为脑电图描记术，这成为脑电图临床应用的开端。

贝格尔是第一个识别出两种不同类型的脑电波的人，他发现当人在思考、休息睡眠时，脑电图会显示出不同图形。

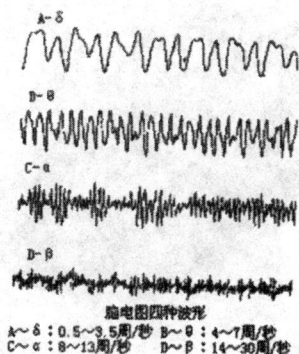

脑电图四种波形
A～δ：0.5～3.5周/秒 B～θ：4～7周/秒
C～α：8～13周/秒 D～β：14～30周/秒

气垫船的由来

　　气垫船的发明来自英国工程师科克莱尔一直怀揣着的童年时代的理想：想要制作一艘快速行驶的船。科克莱尔花了5年时间才拿出可行的设计方案，在船底四周他设计环行喷口，并使气流从喷口向内倾斜地高速喷出，因为水面的阻力，气流在船底部积聚而形成气垫，就会把船托离水面。在一家小船舶制造厂的赞助下，世界上第一艘气垫船由此诞生了。这艘简陋的气垫船得到了英国政府的支持，1959年，科克莱尔研制出第一艘时速达40公里的载人气垫船。

　　如今，气垫船制造技术更为先进，它已成为重要的水上交通工具。世界上大型的气垫船可载客1000人，时速达到了300公里/小时。

压力锅的由来

　　使用压力锅不仅可以缩短烹调时间，用水较少，同时也比一般烹调法更能保持食物的维生素和矿物质含量。尤其是在高海拔地区，压力锅的使用可以解决由于大气压低而造成沸点降低的难题。在 17 世纪末，法国人派朋在伦敦研究蒸汽锅炉时，开始对烹饪用压力锅的研制产生了兴趣。随后不久，世界上第一个烹饪用压力锅出炉了。当时的压力锅呈圆桶状，最上面有一个能扣紧的盖子和一个自动安全阀。由于体形笨重，加上压力调节时常出现问题，爆炸事件时有发生，因此派朋的发明一直不受世人的重视。后来出现的轻质合金压力锅全方位地改进了派朋的产品，很快就走进了寻常百姓家。

不锈钢的由来

19 世纪最伟大的发现之一就是炼钢技术。这种金属是铁和碳的混合物，它容易生产，而且非常坚硬。工程师们把钢广泛用在 19 世纪生产的许多新机器上。但是钢容易生锈。随着时间的推移，科学家们试图通过使其他金属与钢相熔合，形成抗锈合金。1912 年英国冶金专家亨利·布雷尔利把铬与钢熔合起来，生产出一种适合于来复枪枪管的合金。实际上他提供了一个 18% 的铬加上 8% 的镍的公式。1941 年他又用该材料造出餐刀和餐叉。这种材料不易生锈，容易清洗，而且导热性能好，世人以"不锈钢"将其命名。

化学染料的由来

1856 年的暑假，年仅 18 岁的英国大学生威廉·亨利·潘琴在化学合成金鸡纳霜的过程中意外发现瓶底的黑色的沉淀物溶解到酒精里会变成鲜艳夺目的紫色。这奇妙的影像使潘琴萌发出用颜色染布的念头。他将自己的白色手帕放进溶液中，手帕立刻变成紫色，而且颜色再也没褪去。潘琴将此颜色命名为"阿尼林紫"。潘琴在其发明获得英国政府专利后，创办了世界上第一个人造染料工厂。

1863 年前后潘琴相继发明了阿尼林红、阿尼林青、阿尼林黄、霍夫紫等合成染料。1868 年，德国的格雷贝和利贝曼合成了人工茜草红颜色。1880 年，德国的拜尔公司合成了号称"天然染料皇帝"的印度蓝。

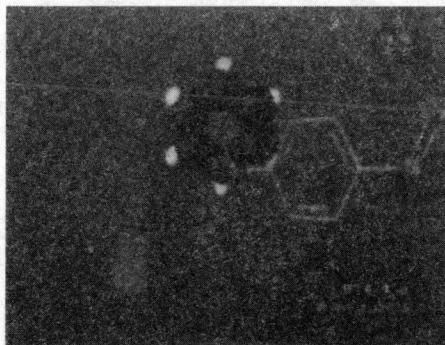

维生素的由来

维生素的发现是 20 世纪的伟大发明之一。1897 年，艾克曼在爪哇岛发现未经碾磨的糙米能治疗脚气病，并发现可治脚气病的物质能用水或酒精提取。1906 年先后有多位科学家证明食物中含有除蛋白质、脂类、碳水化合物、无机盐和水以外的"辅助因素"，尽管这些"辅助因素"量很小，但为动物生长所必需。1911 年丰克鉴定出在糙米中能对抗脚气病的物质是胺类（一种含氮的化合物），它是维持生命所必需的，所以建议命名为"Vitamine"。即 Vital（生命的）amine（胺），中文意思为"生命胺"。后来科学家们陆续发现了许多维生素，它们的化学性质不同，生理功能不同，也发现许多维生素根本不含胺，不含氮，但丰克的命名延续使用下来了，只是将最后字母"e"去掉。

维生素 A 的由来

　　维生素 A 是 1913 年美国化学家台维斯从鳕鱼肝中提取得到的。维生素 A 是黄色粉末，不溶于水，易溶于脂肪、油等有机溶剂。尽管其化学性质比较稳定，但易为紫外线破坏。维生素 A 是眼睛中视紫质的原料，也是皮肤组织必需的材料，人倘若维生素 A 供应不足，杆状细胞中视紫质合成减少，会得干眼病和夜盲症。通常每人每天应摄入维生素 A2 ~ 4. 5 mg。动物肝中含维生素 A 特别多，其次是奶油和鸡蛋等。

维生素 B_2 的由来

维生素 B_2 又名核黄素，1879 年首先由英国化学家布鲁斯从乳清中发现。1933 年美国化学家哥尔倍格从牛奶中提取维生素 B_2 获得成功，1935 年德国化学家柯恩利用人工办法合成了维生素 B_2。维生素 B_2 是橙黄色针状晶体，味微苦，水溶液有黄绿色荧光，在碱性或光照条件下极易分解。人体缺少它易患口腔炎、皮炎、微血管增生症等。成年人每天应摄入2 ~ 4 mg，它大量存在于谷物、蔬菜、牛乳和鱼等食品中。

维生素 C 的由来

1907 年挪威化学家霍尔斯特在柠檬汁中首先发现了维生素 C，现已可人工合成。维生素 C 是最不稳定的一种维生素，由于它容易被氧化，在食物贮藏或烹调过程中，甚至切碎新鲜蔬菜时维生素 C 都能被破坏。因此，只有新鲜的蔬菜、水果或生拌菜才是维生素 C 的丰富来源。维生素 C 是无色晶体，熔点在 190~192℃，易溶于水，遇热、碱和重金属离子容易分解，所以炒菜时不易用铜锅和加热过久。植物及绝大多数动物均可在自身体内合成维生素 C。

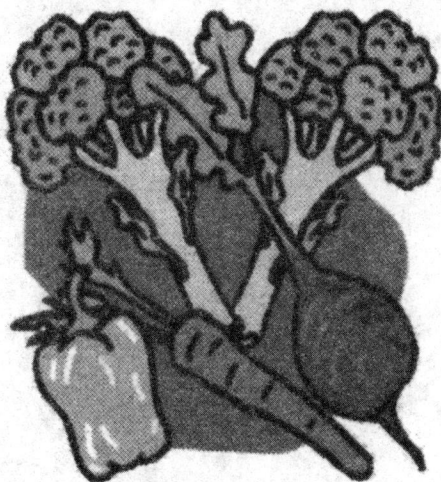

尼龙搭扣带的由来

尼龙搭扣带的发明有一段有趣的历史。瑞士的乔治·德梅斯特拉尔工程师十分酷爱郊游与打猎，在 1948 年秋季的某一天打猎回来，发现他的衣服上黏着一些牛蒡草的种子，若要除去这些种子是非常麻烦的事。这引起了他的极大兴趣，他便从衣服上取下一颗种子在放大镜下仔细观察，发现在种子上的芒毛有一个个小钩子，正是这些小钩子抓住了衣服上的纱线。由此他突发奇想，如果能在带子上也产生这些类似的小钩子，它不就也可以使布带相互搭接代替纽扣和拉链了吗？在牛蒡草种子的启示下，他经过 8 年的精心研究，于 1956 年终于设计了定型的产品，宣告了尼龙搭扣带的诞生。拉链的发明虽然使穿衣更加方便、快捷而轰动服装界，但尼龙搭扣带的发明更胜一筹。

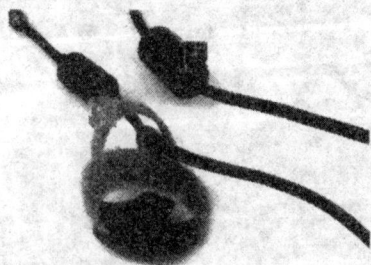

雨衣的由来

　　雨衣起源自中国。周朝时就有人用香草"草荔"制成雨衣用来防雪、防风、遮阳，这种雨衣也就是我们常说的"蓑衣"，至今仍在一些地区的农民、渔民中沿用。隋代起用油布制成雨衣。唐代有用丝绸制成的雨衣。1823年英国人麦金托什发明用天然橡胶涂于织物上制成的防水胶布，其制成的雨衣称麦金托什雨衣。胶布雨衣具有较好的弹性、绝缘性和耐折性。现代社会经常使用用塑料薄膜或经过处理的防雨布制作的雨衣，这类雨衣具有制作简便、轻便柔软、花色品种多和价格低廉等优点，故20世纪60年代以来广泛流行。

电扶梯的由来

19世纪早期，美国人杰西·雷诺和乔治惠勒各自设计了关于移动楼梯制造的方案。而查尔斯泽贝格则在后来改进了惠勒的方案，并于1892年获取了专利。1900年左右，纽约市的高架火车站安装了世界上第一部电扶梯。到了1922年，奥的斯电梯公司获得了电扶梯的专利，并研究出了一种新的设计方案，结合了平坦台阶和有槽踏板两种观念，设计出了一个轻度波纹斜坡，可以使乘坐电梯的乘客将脚安全地抬离踏板。

旗袍的由来

　　风行于本世纪 20 年代的旗袍，脱胎于清代满族妇女服装，是由汉族妇女在穿着中吸收西洋服装式样不断改进而定型的。当时的变化并不复杂。从 20 世纪 20 年代至 40 年代末，中国旗袍风行了 20 多年，它的款式几经变化，如领子的高低、袖子的长短、开衩的高矮等，这些变化使旗袍彻底摆脱了老式样，改变了中国妇女长期来束胸裹臀的旧貌，让女性的体态和曲线美充分显示出来。其中的青布旗袍最受当时女学生的喜爱，一时间盛行全国。旗袍的诞生几乎成为上世纪 20 年代后期中国新女性的典型装扮。后来，旗袍传到了外国，被西洋女子效仿穿着。如今，旗袍的样式、花色都逐渐繁多，随着复古风尚的流行，旗袍开始重新演绎昔日的精彩。

电子测速仪的发明

电子测速仪的原型是 20 世纪 50 年代汽车拉力赛选手莫里斯·盖特桑耐德斯发明的，目的是为了监测他的车速。20 世纪 60 年代，公路上开始安装带有胶卷的测速装置，而电子测速装置是直到 20 世纪 90 年代后期才得以广泛应用。交通部门在经过调查后声称，装有测速仪地点的交通事故伤亡率比没有安装测速仪的地方少 42%，尽管这一数字仍存在争议。

MP4 的发明

　　MP4 是建立在支持 Mpeg4 视频格式基础上的数码随身影院，它支持 Divx、Xvid、Avi 等目前流行的 Mpeg 编码格式。由于 Mpeg4 视频格式是目前最先进的图像压缩标准，播放效果清晰，而文件体积大小只有 DVD 的 25% ~ 30%，因此，将这种建立在 Mpeg4 视频格式基础上的移动数码影院称为 MP4。

　　爱可视公司是由其全球总裁亨利·格罗斯先生于 1988 年创建的一家法国上市公司，目前在数字娱乐解决方案领域处于全球领先地位。全球首款硬盘 MP4 就是爱可视于 2002 年发明的。

MP3 的发明

MP3 文件是 MPEG AudiO Layer3 的缩写，是一种音频采样与压缩的标准，MP3 技术源于一位德国青年的博士论文。1995 年 7 月 14 日德国 Fraunhofer、学院决定将 mp3 作为使用 MPEG Audio Layer3 规格音乐格式文件的后缀名。而 MPEG Auadio Layer 3 编码是在 1992 年正式成为标准的。

现年 46 岁的卡尔赫兹·伯拉德博格被称为 MP3 之父。他的贡献具有划时代的意义，当年的计算机需花 10 小时才能为长约 1 分钟的数字音乐文件解码，而卡尔赫兹的技术能够实现数字音乐的实时压缩，使得数字音乐真正风行起来，而且也促成了网络音乐服务的出现。

DVD 的发明

DVD 是许多公司和个人努力的产物，它来自于两份互相竞争的协议。索尼、飞利浦和其他公司支持的是 MMCD 格式；东芝、时代华纳和其他公司支持的是 SD 格式。由 IBM 领导的计算机公司组织坚持他们只支持一种标准，这直接导致了 DVD 格式最后于 1995 年 9 月出台，原因是因为该组织想避免当初（公司间的争斗。）

没有哪个独立的公司"拥有"DVD，官方规范是由十个公司组成的联盟制订的：日立、JVC、Matsushita、Mitsubishi、飞利浦、先锋、索尼、Thomson、时代华纳、东芝。

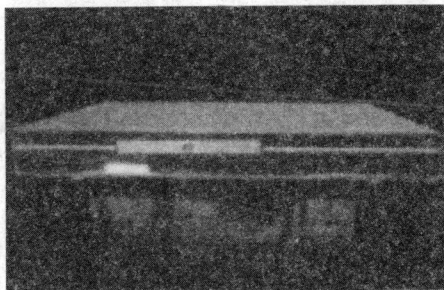

VCD 的发明

1992 年，在美国举办的国际广播电视技术展览会上，美国 CC—UBE 公司展出的一项不起眼的 MPEG（图像解压缩）技术引起了时为安徽现代集团总经理姜万勐的兴趣。姜万勐凭直觉立刻想到，用这一技术可以把图像和声音同时存储在一张小光盘上。此后，姜万勐先后出资 57 万美元，于 1993 年 9 月，将 MPEG 技术成功地应用到音像视听产品上，研制出一种物美价廉的视听产品——VCD。

在 1993 年安徽现代电视技术研究所的 VCD 可行性报告中，有这样的一段描述："这是本世纪末消费类电子领域里，中国可能领先的惟一机会。"

坦克的发明

英国首次发明并投入战场的"陆地巡洋舰"——坦克，有28吨重，可乘员8人。在两侧炮塔上共装有两门口径为75毫米的大炮和几挺机枪，采用过顶的重金属履带，刚性悬挂，行驶速度最大为6 000米/小时。没有什么通信设备，带有几只信鸽，必要时就靠信鸽去联络。

当时英国在世界称雄是靠海军，海军最漂亮最有威力的是巡洋舰。坦克一问世，就好比威力强大的巡洋舰，因此就叫"陆地巡洋舰"。

为什么又叫坦克呢？据说英国人为了保密，在将这批坦克运往前线时，所有包装箱上都写上"水桶"的名称，英文字"桶"音译成中文就是"坦克"，后来人们都把这些"陆地巡洋舰"称为坦克了。

口罩的发明

1600 多年前，我国正处在元朝时期，当时国家经济发达、物产丰富。意大利旅行家马可·波罗十分羡慕，不远万里前来游览。他发现伺候皇帝饮食的宫人，口鼻上一律蒙着一块织工精美的蚕丝巾。他打听到这块蚕丝巾的功用是为了保证皇帝饮食的洁净。回国后，他把这件事也详细写进了《马可·波罗行记》。这是有文字记录的最早的关于口罩的描述。

600 多年后，德国一名医生提议医生用纱布蒙起口鼻后做手术，各国医生纷纷效仿，从此伤口感染率明显减少了。这就是现代纱布口罩的来历。

报纸的发明

报纸是现代社会中最重要的信息传媒之一。和纸的发明一样，中国是世界上最早有报纸的国家，中国的邸报可以说是世界上第一种报纸，它出现在公元前 2 世纪左右。

西汉王朝实行郡县制，各郡在长安设立办事处，称为邸。邸传送的奏章起到了传递信息的作用，是报纸的萌芽。驻邸官员通称为邸吏，报纸的原始雏形就在邸吏向藩镇传抄消息的过程中应运而生了，邸吏可以说是最早的新闻报道者。

现存于英国伦敦不列颠博物馆的一份中国唐朝时的邸报，是现存世界上最古老的报纸。这份报纸是通过传抄官方文书的形式来传播新闻消息的。唐朝已有了传递官方文书的庞大交通网，报纸通过邮驿发送到全国各地，这和现在的报纸发行网很相似。

粉笔的发明

最早人类发现，木炭可以拿来作画。远在文字发明前，人类就用木炭来作画，在欧洲的岩洞中仍然能看到用碳粉、或者木炭所作的壁画。

到了中世纪，人们开始发现，用石灰加水，可以做成块状的物体，可以用类似木炭笔的方法，去记录在深色、或者是坚硬的表面。因为在那时纸张是很昂贵的物品，所以多刻在木板岩石上，但是碳笔记录的内容又容易模糊。

最早粉笔的作用，不是拿来教学用，而今天已经被广泛的应用到教学上，黑板和粉笔具有同样的重要性。

黑板的发明

　　19世纪以前用黑漆涂在木板上是为了保护木板不受侵蚀，偶尔也兼用于公布重要事项，类似现在的公布栏的作用。但那时候的"黑板"都很小，而且目的并非用于教学。但到了19世纪中期，世界各地的大学开始兴盛，原本的教师口述、学生口记的教学方式，因为学生人数增多而越来越显现不便，因此欧洲各国都开始普遍的把原本小型、非固定的黑色布告栏增大，用来教学之用，便于远处的学生抄写教师的授课内容。黑板由此演化而来，并一直沿用至今。

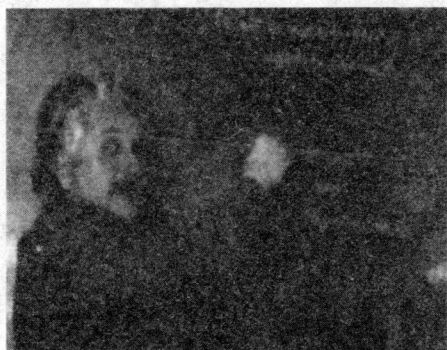

镜子的发明

在远古时代，人类习惯在平静清澈的水面上观看自己的倒影。后来，人类在打制石器工具时，发现有一种叫"黑曜岩"的石头可以磨平照人，这就是所谓的"石镜"。

公元前3000年，古埃及人掌握了青铜（铜锡合金）的生产技术，发明了"青铜镜"。

1508年，意大利的玻璃工匠达尔卡罗兄弟研制成功了实用的玻璃镜子。他们把锡箔贴在玻璃面上，倒上水银，水银溶解锡，随后，玻璃上形成了一层薄薄的锡与水银的合金，紧紧地黏附在玻璃上而成为真正的镜子。

20世纪70年代，科学家又发明了铝镜。在真空中使铝蒸发，让铝蒸汽凝结在玻璃面上而成为一层薄薄的铝膜。这种镀铝的玻璃镜在镜子的历史上写下了崭新的一页。

方便面的发明

安藤百福发明世界第一包方便面——"鸡肉拉面"是在 1958 年，当时他已 48 岁。

二次大战后，日本食品严重不足，人们饿得连薯秧都吃。安藤百福偶尔经过一家拉面摊，看到排着的长队，安藤百福百感交集。

安藤百福设想的方便面是一种只要加入热水立刻就能食用的速食面。安藤夫人做的油炸菜肴启发了他。油炸食品的面衣上有无数的洞眼，就像海绵一样，加入开水，很快就会变软，这样就能同时解决保存和烹调的问题。这种被他称作"瞬间热油干燥法"很快便拿到了方便面制法的专利。

而把面条放进纸杯里吃的无奈之举则让他有了开发"杯装方便面"的构想。容器选用当时还算新型的泡沫塑料，轻而且保温性能好，成本也便宜。一个由纸和铝箔贴合而成的密封盖子，解决了如何才能长期保存的问题。

牛仔裤的发明

　　19世纪时，美国掀起了去西部淘金的热潮。许多人都去寻找黄金。小伙子斯特劳见人们没有地方住，就定了一大批帆布，准备用来做帐篷。可等他的帆布到货时，人们已经盖好了房子。看着堆积的帆布，斯特劳很着急。这时，一个淘金人走过来对他说："我这棉裤太爱坏了，你用帆布给我做一条结实的裤子吧。"斯特劳一下子受到了启发，他立刻赶制了一批帆布裤，很快就卖光了。这就是牛仔裤的起源。19世纪中叶，牛仔裤的发明者列维·司特劳斯创制出了第一个"Levis"牛仔裤商标之后，美国、英国相继推出了其他独具魅力的牛仔装品牌，如今它们已风靡美国、欧洲乃至全世界，共同引领服装潮流。